奇蹟半生緣

LIVING WITH MIRACLES
A Common-sense Guide to A Course in Miracles

派屈克‧米勒（D. Patrick Miller）◎著

陳夢怡　若水◎合譯

《奇蹟課程》國際通用章節代碼

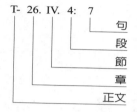

T- 26. IV. 4: 7

- 句
- 段
- 節
- 章
- 正文

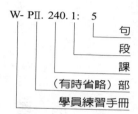

W- PII. 240. 1: 5

- 句
- 段
- 課
- （有時省略）部
- 學員練習手冊

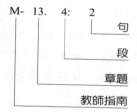

M- 13. 4: 2

- 句
- 段
- 章題
- 教師指南

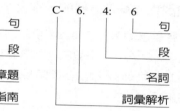

C- 6. 4: 6

- 句
- 段
- 名詞
- 詞彙解析

T → 正文
W → 學員練習手冊
M → 教師指南
C → 詞彙解析
P → 心理治療——目的、過程與行業
S → 頌禱——祈禱、寬恕與療癒

目　次

若水序 ·· 008

第一篇　啓　程

1　**奇蹟課程究竟是怎樣的一本書？** ······················ 020

這本書是怎麼來的？ 023 ／ 全新的基督教？ 026 ／ 何謂
奇蹟？ 027 ／ 不立宗教的「心靈鍛鍊」 029 ／ 轉化人際
關係的指南 031 ／ 與內在導師相遇 034 ／ 化解小我 038 ／
重點摘要 040

2　**奇蹟之緣** ·· 042

放諸四海皆準的經驗 043 ／ 最後一絲希望 048 ／《課
程》怎麼找到它的學生？ 051 ／ 先讀〈正文〉、〈學員
練習手冊〉還是〈教師指南〉？ 056 ／ 重點摘要 058

3　**穿越文字的迷障** ·· 060

此書的字句從何而來？ 062 ／ 認識全新的天父、聖子與
聖靈 068 ／ 話說「長兄」 074 ／ 故弄玄虛？ 078 ／ 重點摘
要 081

4 聆聽內在天音 083

宗教只是更超然的父母？ 085 / 內在聲音的歷史點滴
089 / 內在聲音真正的價值 092 / 寬恕是聆聽內在天音的
前提 098 / 重點摘要 100

第二篇　遠　眺

5 寬恕之始 104

認清煩惱的源頭 108 / 一點一滴化解過去 111 / 重點摘要
117

6 執真執幻 119

拆穿終極陰謀 122 / 不敢往內看 131 / 這不可能的事怎
麼發生的？ 136 / 「頑固而持久的錯覺」 139 / 重點摘
要 142

7 解除小我的桎梏 144

罪咎的吸引力 148 / 收回投射 154 / 徹底的自我負責 158
/ 療癒內心的「垃圾山」 161 / 重點摘要 165

8 轉化「特殊關係」 167

通往「神聖關係」 170 / 現身說法 174 / 重點摘要 190

第三篇　跋　涉

9 **寬恕罪過，解開心結** ⋯⋯⋯⋯⋯⋯⋯⋯⋯⋯⋯⋯⋯⋯ 194

　　釋放致命的怨尤 199 ／ 切斷鎖鍊 203 ／ 「祂愛我之深如
　　同祂愛自己」 208 ／ 重點摘要 212

10 **看清身體的意義** ⋯⋯⋯⋯⋯⋯⋯⋯⋯⋯⋯⋯⋯⋯⋯⋯ 214

　　疾病與攻擊 217 ／ 身體存在的目的 224 ／ 非二元論、瑜
　　伽與《奇蹟課程》 228 ／ 重點摘要 233

11 **莫知所云，束之高閣** ⋯⋯⋯⋯⋯⋯⋯⋯⋯⋯⋯⋯⋯⋯ 234

　　危機轉機、基督精神和主權問題 236 ／ 顛覆的危險 242
　　／ 滿腔熱血、自命清高與其他錯覺 247 ／ 日起有功 254
　　／ 重點摘要 257

第四篇　夢　醒

12 **一輩子的奇蹟** ⋯⋯⋯⋯⋯⋯⋯⋯⋯⋯⋯⋯⋯⋯⋯⋯⋯ 260

　　浴火重生 263 ／ 純真的信心 266 ／ 奇蹟的震撼 269 ／ 靈性
　　成長的階段 273 ／ 重點摘要 278

13 **全天候的寬恕功課** ⋯⋯⋯⋯⋯⋯⋯⋯⋯⋯⋯⋯⋯⋯⋯ 280

　　「觀念離不開它的源頭」 283 ／ 腳踏實地的寬恕 288 ／
　　寬恕的長期效益 291 ／ 重點摘要 298

14 **覺醒於幸福美夢** ································· 300

「奇蹟一直都在那兒」 302／「接近愛的真諦」 305／
忘掉這門課程 311／「無程之旅」 314／重點摘要 318

若水序

　　大約在1993年前後，把「光的課程」引薦到台灣的杜恆芬，計畫由繁忙的商務中抽身，到泰山下某個村落裡「方便閉關」。說也巧合，行前，在台灣推展新時代思潮不遺餘力的王季慶女士前來敘舊，提及一本重量級卻不被看好的鉅著《奇蹟課程》，重新燃起恆芬對此書的興趣，於是決定將此書作為當年閉關的重點閱讀。臨行前，把早已束之高閣的藍皮書塞進了她的行裝。

　　閉關期間，有位易經老師來訪，駐留數日，看到恆芬每日端坐書桌前，一本正經的模樣，不禁好奇地探問她在讀什麼書，恆芬只隨口答道：「一本英文的心靈書。」易經老師說：「能否借我看看？」恆芬一臉狐疑地將此書交到這位不識一字英文的老師手中。老師一手捧著藍皮書，另一手放在封面上，閉了一下眼便還給恆芬，語重心長地說：「你應當把這書譯出來，中國需要這本書。」

　　杜恆芬回到台灣後，便與美國「心靈平安基金會」聯繫，探聽翻譯與出版的可能性，基金會遂委託她代為尋找中文譯者。於是恆芬回頭找上王季慶，季慶對此構想有些保

留：「這書很難翻譯，就算譯出來，也沒有出版社願意投資的。」恆芬突然變得很激動：「你一定得幫這個忙，心靈平安基金會自己會出版，你只要幫我找到合適的譯者就成了。」季慶對恆芬的情緒大惑不解，只好安撫她：「別急，別急，我想想看。」於是她想起了常穿梭在天主教與佛教寺廟之間的我。

就這樣，我懵懵懂懂地被推上奇蹟的夢幻劇場，也開啓了《奇蹟課程》與華人之緣。

天上人間奇蹟緣

許多奇蹟學員，都各有一段有趣的奇蹟緣，而我與《奇蹟課程》的邂逅一點也不神奇，甚至可說是相當「現實」，因我是以「受雇身分」翻譯這本書的。翻譯之初，只把它當成一部糅合了東西方宗教與心理學的大雜燴而已。然而，在它曲折迷離的文字中遊走了五年的時光，還談不上什麼「修」，我的親密關係便有了轉機。多年來，我用信仰、冥想、靜坐、心理學以及婚姻輔導等等各式各樣的方法都理不清的婚姻問題，被書中無情的剖析，刺得無處可逃，終於接受了它的解決方案，也慢慢走出婚姻的泥沼。

作者派屈克的「奇蹟緣」也十分「現實」，他是為了七年之苦的「慢性疲勞症候群」而找上《奇蹟課程》的。身為記者的他，以客觀、務實、查證的手法，娓娓道出「寬恕」如何讓他由這莫名的夢魘中走出。他以回顧的方式，為自己釐清初學階段的迷惘，其實也為讀者撥開小我的迷霧，疏通了一些深奧而微妙的奇蹟理念。

派屈克毫不諱言這部課程對學員可能構成的心理挑戰，因為此書不僅否定了世界的真實性，還存心瓦解自我視為天經地義的存在基礎。近些年來，好萊塢推出了種種光怪陸離的科幻影片，描繪人類生活有如受電腦控制，活得身不由己卻毫不知情。電影劇情固然匪夷所思，卻好似與現代人的存在經驗產生了某種共鳴，難怪它們會大行其道。但回到現實中，要我們承認自己的眼睛所見非真，均是夢中投射的幻影，甚至承認自己真如書中形容的「神智失常」（insane），則完全是另一回事了。無怪乎派屈克說，即使是最認真的學員，讀了一段時間，都會感到自己需要「休息」幾個月，甚至一丟就是好幾年。

這是因為《奇蹟課程》表面上好似一部哲理書，其實它那曲折隱晦或影射式的敘述，正在為我們默默瓦解小我固有的思維模式，你若真正讀懂了，小我不可能不驚恐萬分而起身抵制或反彈的。只要人間還有其他看起來比較容易的路可走，很少人會甘心踏上這「瓦解自我」的靈修之路的。

生命的另一條出路

最近，好友芳芳與我分享了她一年前與家人穿越生死大關的經驗，深深感動了我：

由於從事健康食品器材業，我接觸到各式各樣的身心靈學說以及另類療法，也對《奇蹟課程》感到興趣，但只能說是聊備一格而已！

隨著事業的成長與擴張，我得天獨厚，能與世界各地極具規模的健康機構或健康療法接軌，它們均能提出相當可靠的醫學數據，令我大開眼界。那時的我，不只對自己的健康充滿信心，還向家人誇口說：「不論你們生什麼病，我都能夠找到方法幫你們治好！」

沒想到，與我最親的二姐的孩子患了「先天異位性皮膚炎」，隨時都會把自己抓得體無完膚。她幾乎每夜都是抱著孩子睡覺的，而且戰戰兢兢不敢熟睡，數年來，從未連續睡過兩小時以上。我們全家提供給她應有盡有的補品與療法，希望能幫她撐過這一段非常時期。終於在一年前，她突然出現休克反應，多次送院治療。此後，各種嚴重的症狀也陸陸續續纏身，幾乎所有的器官都產生病變，卻查不

出任何原因。

全家人心焦如焚，我們不斷向廠商搜尋最新進又最有效的補品，加上靈療、氣療以及特別的呼吸法，當然也求助了心理與精神醫師，但最多只有極其短暫的平緩作用。到最後，好似整個自律神經失調，免疫系統也瀕臨崩潰，二姐已經到了命若游絲的地步。

所有的資源用盡，一切邏輯、技巧、規畫都完全不管用了，你可想像我的慌亂。當我看到二姐陷入六神無主，開始語無倫次，全身顫抖地向我交代後事，我知道自己必須撐住，成為她的力量。不知為何，《奇蹟課程》那些抽象的話語，逐漸浮上心頭。就在最危急的那幾個月，我每天抓著〈學員練習手冊〉，雖然我根本不知道自己在練什麼，卻感受到一股力量，把我的心安定下來。

我不再跟著二姐的症狀團團轉了，反正任何療法對她似乎都起不了太大作用；我開始跟她分享自己讀到的一些奇蹟觀點，好似勾起了她以前一些靈性的記憶，心情也跟著我逐漸穩定。

現在回想起來，我自己也很驚訝，在最嚴重的那一段時光，我自己的心情反倒逐漸平靜。我試著放下

自己的操控或期待，接受二姐自己選擇的命運，我只是陪在身邊，偶爾提醒她別再跟身體對抗。那時，正好，肯恩的小書出版了。它說，所有人間的問題或因果，最後都可推到天人分裂那一創傷。這類抽象觀念，我以前都當作信條一般生吞活剝，現在好似懂得它在說什麼了。在二姐身體不適時，我試著引用那些與她的病情好似扯不上任何關係的奇蹟理念，她也彷彿有所領悟，身體的怪異反應緩和了不少。

我終於領悟了，人間療法與邏輯其實解決不了人間的問題，而那些看來玄之又玄的奇蹟理念，反倒可以從根本瓦解了所有問題的真實性。那時，並非某一句話產生了「奇蹟效應」，啓動我和二姐的療癒過程，而是《奇蹟課程》那整套思想體系，好似把我們的心莫名其妙地提昇到疾病之上，不再被那些症狀弄得手足無措。

我不敢說，這是二姐病情開始出現轉機的關鍵，但看到她慢慢度過了生死關，我自己也逐漸對奇蹟萌生了信心。然而，對二姐而言，《我要活下去》那本書遠比《奇蹟課程》與她更為相應。她的生活日漸恢復正常，但身體並未全然康復，仍常常陷於無名病痛中。她繼續各式的治療，認真地做運動與改

善盡飲食作息，只是心中已不像過去充滿恐懼，而開始以感恩之心去經歷自己每個經驗。

至於我，在陪伴過程中，裡面好像有個東西甦醒了，它可能就是你常說的覺者或抉擇者吧，近似靈性的甦醒。神的「感覺」對我已不再那麼遙遠或陌生，我好像抓到了什麼，有點像「吃了秤砣鐵了心」的感覺。不論外在發生了什麼事，即使面對二姐的病情，我知道自己只有一個責任，就是趕緊回到心裡，收回自己的投射；唯有如此，我才能回應二姐或任何弟兄的需求。

經過這一考驗，我後來發現一個意想不到的禮物：我內心自由多了，好似從過去那狹隘的生命觀中解放出來了。以前總想在各門各派中比出個高下，但每一派看來似乎都能自圓其說，讓我感到無所適從，也不敢全心投入。如今，我稍稍領會到「什麼是真的，什麼是假的」，既然人間百態都是幻相，我又何妨以幻解幻！

我突然看見人間所有方便法門的相通處，我懂得如何為它們定位，能在某一層次發揮功能卻不被這些幻相所惑。因我知道，真正的療癒跟這些形式無關。如今，我可以感覺到愈來愈能將奇蹟思想融入

生活與工作中，也會藉由推廣健康觀念之際，試著
幫助人們找回自己心靈的抉擇能力。

相信大部分人聽了芳芳這一轉折歷程，都會心有戚戚
焉。確實，只要我們還相信外在有個東西或某種技巧能解決
自己的問題，我們是不會輕易回歸心靈的本位的。幸好我們
內在有個更高智慧，總會創造一些「危機」，把自己逼到死
角，迫使我們不得不放棄逐漸無效的生存模式，而為奇蹟開
啟了一線「窄門」。

《奇蹟課程》究竟是怎樣一部書？

它是由哥倫比亞大學心理學教授海倫・舒曼經過「秘
傳」（inner dictation）而得的靈修訊息。海倫從不以作者自
居，甚至不願在書上留名。在她1981年過世前，只就此書對
外公開演講過一次；而一直在旁協助她筆錄的威廉・賽佛，
直至1988年去世之前，也一再拒絕成為《奇蹟課程》的代言
人。

《奇蹟課程》自我定位為「一部轉化心靈的自修課
程」。它從不自詡為「唯一」、「至高」的靈修法門，只是
輕描淡寫地說，它會為我們省下百千萬劫的時間。既然，時

間只是幻相，所以終究來講，它什麼也沒做。

　　這套看來抽象卻有實效的課程，爲錯綜複雜的人類處境提供了一套驚人的形上解說。它把整部上千頁的思想體系綜合爲三句話：

　　　　凡是眞實的，不受任何威脅；
　　　　凡是不眞實的，根本不存在。
　　　　上主的平安即在其中。

　　開宗明義，便把讀者打入了五里霧中。奇妙的是，就在似懂非懂之際，讀者好似被勾起生命最深的記憶，而被它深深吸引。

　　《奇蹟課程》最終所要傳達的訊息，不過是「上主是愛，因此你也是愛」，但它的切入手法卻與新時代思潮反向而行。它直言不諱：人間沒有眞愛！因爲人間之愛已被小我操弄得面目全非，唯有先設法解除小我所佈下的天羅地網，我們才可能認出，愛不在身外，它是自己從未失落過的生命本質。

　　而它解除小我天羅地網的唯一方法，竟然是我們耳熟能詳的「寬恕」。我們不難想見，在那玄奧的形上前提下，它的寬恕必然與一般宗教倫理所談的「寬恕他人的罪過」大異其趣。這是作者在全書中著墨最多的，在此就不再贅述了。

　　派屈克再三提醒讀者，接觸這部奇蹟「天書」時，心裡得有所準備。好比學習一門外語課程，需要給自己一段時間去熟悉另一層次的語彙及思維邏輯。奇蹟學員有一共通經驗，就是在我們與書中文字纏鬥時，內心其實已經開始產生了「質」的變化，好似被提昇到另一層次卻不自知。就像我的好友芳芳，她，到了緊要關頭時，奇蹟效應便出現了。

　　《奇蹟課程》來到人間不過短短三十餘年，作為一個靈修法門，可說還在萌芽階段。它顯然不是為普羅大眾打造的法門，即使修持了大半輩子的派屈克，也常感到這整套思維可能還得歷經好幾個世代的消化才能真正落實於人間。因此，我們在大力推廣肯尼斯‧霍布尼克（Kenneth Wapnick）的經典論述之餘，也很需要一些經驗分享的導讀書籍，讓我們在茶餘飯後，輕鬆地手持一卷，聆聽其他弟兄親身經歷的奇蹟緣。若能從他們的歷練中，解除一些困惑或省去無謂的摸索，此書便已達到它的目的了。

2013年8月　若水誌於星塵軒

第一篇

啓　程

1 奇蹟課程究竟是怎樣的一本書？

你若沿著一條與幸福背道而馳的路前行，怎麼可能
找到幸福？這種荒謬的路不可能是正道。……如果
連這點都無法理解，你才可以說你不可能學會這個
課程。但也僅限於這種情況。除此之外，沒有比這
更淺顯易學的課程了。（T-31.IV.7:1~2;5~7）

1985年的冬天，我老是病懨懨的，整個人倦乏委靡，怎
麼都打不起精神來。這境況從八月初就開始了，症狀就像流
感，可是一連好幾個星期卻無法痊癒。我全身無力，胃不舒
服，即使睡上十六個小時也不夠。來來回回折騰了好幾個
月，醫生總算賜下診斷，宣佈了一個陌生的病名——慢性疲
勞症候群〔譯註〕。此病非但無藥可治，有些醫生甚至不承
認這個病。只是，我很確定自己生病了，而這曖昧不明的診
斷，是我唯一的線索。

〔譯註〕慢性疲勞症候群（chronic fatigue syndrome）　是一種身體出現長期間
　　　（連續六個月以上）原因不明的強度疲勞及身體不適的病症。醫界在
　　　1988年才定名。

　　既然正統醫學束手無策，我不得不轉向心理和心靈領域求助，打從十幾年前大學畢業後我就再也沒認真思考過這類問題了，但就這樣，事情發生了，我開始了心靈探索的旅程。

　　在診所對面的書店，我發現了一本奇書——《奇蹟課程》。說來奇怪，我竟然沒被這本書的宗教語彙和形上風格嚇跑，它艱深的〈正文〉甚至還蠻吸引我的，我索性開始練習〈學員練習手冊〉的三百六十五課。當時，我心裡有一點兒擔心自己除了健康亮起紅燈之外，搞不好連腦袋都有毛病了，所以，我沒讓任何人知道我正在讀這本怪書，只是安慰自己，如果這本書真有問題，我必會看出破綻的。這本書對潛意識的影響也令我發愁，自從我開始讀《奇蹟課程》的六七個星期以來，夢境愈來愈鮮明，這隱隱讓我覺得不安。

　　一天晚上，我作了個夢：我開著父親老舊的白色貨車（就是十幾歲時讓我學得手忙腳亂的那一輛手排車），方向盤不怎麼好使，我費盡力氣，只能讓這輛破車走走停停，更糟糕的是眼前大霧瀰漫，簡直什麼也看不見，我得想盡辦法穿過這片大霧。這時，突然注意到車上竟然還有一位貴客——前總統吉米‧卡特！我本來就對自己的開車技術缺乏信心，想到這位貴客的性命竟然操之於我的手裡，真是恨不得鑽到地底下。

我焦慮到開不下去了，只得緊急停下來，爲自己的開車技術向這位貴客致歉，還怯生生地加上一句話：「總統先生，我不知道要開到哪兒去。」

卡特總統笑了，他打開前座置物箱，伸手進去，一邊說：「別擔心，我這兒有本地圖。」他拿出來的正是我那本藍色封面的《奇蹟課程》。到這裡，我就醒了。

我的潛意識似乎想透過這個夢給我一個安全訊號，讓我繼續研讀《奇蹟課程》，由它指引我度過困境。幾個星期之後，我和治療師討論接下來的治療方向，因我開始覺得心理諮商的「談話治療」根本不管用，再說，那些談話也談得夠多了。治療師問我想試試什麼新方法，我終於透露正在讀這本藍皮書。我以爲他會提醒我小心那些「旁門左道」，沒想到他微微一笑對我說：「要是你眞能讀進這部課程，你大概就不需要我幫忙了。」

沒多久，我停止了心理治療，試著讓《課程》陪我走過生病期間的起起伏伏。沒想到這一病就是七年，直到後來和很多慢性疲勞症候群的病友交換了經驗，我才曉得當時若選擇其他途徑，這條路肯定會更艱辛。

現在回想起來，我的免疫系統正是被長年累積的憤怒和悲觀情緒給打垮的，《奇蹟課程》意外地進入我的生活，幫我看到自己內心長期且深沉的憎恨正在生吞活剝、大肆反

撲，一點一滴地將我的活力給啃噬殆盡。《課程》毫不留情地指出我是怎麼病的，為什麼會生這場病，它還鐵口直斷：我若想要痊癒，深層的寬恕是一大關鍵。回顧以往，寬恕的確帶給我不少「奇蹟」，但我依舊一再質疑它，心中一直抵制《課程》要我修的功夫，只是內心卻有一股很強的直覺讓我繼續讀下去，那種感覺既陌生，卻又好似天經地義。

日後，我讀到《奇蹟課程》的緣起，才知道原來我不是第一個對此書抱持著矛盾心態的人。或說，我的心態再怎麼矛盾也比不上海倫，也就是耗費七年光陰筆錄《課程》的那位既聰明又不安的女士。她就連到了人生末期，還不妥協：「我知道《課程》說的都是真的，但我就是不能相信它。」〔原註〕

這本書是怎麼來的？

1965年，西方文化推生了一波又一波的新思潮。馬丁·路德·金恩在阿拉巴馬州的塞爾瑪市組織示威活動，催促政府落實種族平權的「選舉權法」。美軍展開「滾雷行動」，

〔原註〕摘自Robert Skutch, *Journey without Distance*（無程之旅/暫譯）（Berkeley: Celestial Arts, 1984）

對北越進行地毯式轟炸，先鋒部隊登陸峴港。舊金山紀事報大篇幅報導海特—艾許伯里區方興未艾的嬉皮運動。聲名狼藉的哈佛大學教授堤摩西・列瑞喊出「解放（情緒），關注（社會），退出（學校等傳統機構）」（Turn on, tune in , drop out）的口號，鼓勵年輕人嗑藥脫離社會；而詩人艾倫・金斯堡鼓吹「花的力量」，在街頭送花，彰顯柔性力量。英國方面，披頭四在流行音樂排行榜不斷竄升；瑪麗・官在倫敦雀而喜的時裝店推出迷你裙。以上信手臚列的，都是備受世人矚目且影響重大的歐美反文化風潮盛事。

就在此風雲際會的同時，兩位學者於紐約市哥倫比亞大學悄悄地為一個神秘的心靈旅程播下了種子，它的意義要幾十年後才逐漸明朗。這一年秋天，沉默寡言的哥倫比亞長老會醫療中心心理系主任，四十二歲的威廉・賽佛教授（即比爾），邀請他伶牙利齒的五十六歲助理海倫・舒曼到他辦公室，討論他們之間和系上的紛爭，以及日益惡化的人際關係。那時，比爾告訴海倫，他覺得面對勾心鬥角的學術競爭壓力，「一定另有出路才對」，就連比爾自己事後都承認這話不怎麼高明，但沒想到，平常老是和比爾唱反調的海倫，竟然大為動容，願意攜手跟他一起找出「另一條路」。

這一共識確實改善了系裡的業務運作，可惜海倫和比爾並未學會如何與對方相處，唯有那個神秘任務，他倆倒是始終合作無間。十月二十一日晚上，他們在電話討論系上人

事，掛了電話沒多久，海倫就在腦袋裡聽到一個聲音：「這是一部闡述奇蹟的課程，請記錄下來。」雖然海倫從孩提時期就常有神秘經驗，她聽過這個聲音，甚至接受過這聲音的指引，但這聲音從來沒有給予過如此明確的指令。海倫很擔心自己快要發瘋了，焦慮之餘，她打電話給比爾，問他該怎麼做。比爾十分鎮靜，建議她先依照聲音的指示記錄下來，第二天早上他們可以一起查看這些記錄，看看那聲音究竟在說什麼。

海倫確實筆錄了幾段，就此開啟了為期七年的「秘傳」，她的筆記後來出版為《奇蹟課程》。此書長達一千兩百頁〔譯註〕，包括了長篇大論的〈正文〉以及編為三百六十五課的〈學員練習手冊〉，最後則是精簡扼要的〈教師指南〉。海倫和比爾一直都以為這「課程」純粹是答覆他倆共同追求的「另一條路」，故在記錄及編輯這份重量級手稿的過程中，他們始終高度保密，只有幾個知己好友知道這本「書」的存在；儘管如此低調，期待此書正式出版的呼聲仍逐日升高。

《奇蹟課程》在1975年出版時是三冊精裝，目前的英文版合為一巨冊，且同時發行精裝及平裝，全世界共有二十種

〔譯註〕此處係指原文書之總頁數，中文版新譯本包羅了海倫後來筆錄的〈補編〉，全書共1385頁。

語言的譯本，發行逾二百萬冊。現今《奇蹟課程》有好幾個版本流傳，海倫和比爾唯一認可的「標準版」由「心靈平安基金會」發行，它正是海倫當初親手託付的出版機構。

全新的基督教？

「作者是誰？」可說是《奇蹟課程》最具爭議之事了。雖然內容是海倫「寫」下的，而比爾支援了全書的編輯工作，但他們並不認為自己是此書的原創者，也從未以作者自居。〈正文〉不乏耶穌以第一人稱發言的句子，比如第六章裡說：「若非門徒們自身充滿罪咎，他們絕不可能說我說過『我來不是為和平，而是帶刀劍』這句話的。這分明與我的教誨背道而馳。」（T-6.I.15:2~3）全書還有不少段落同樣以耶穌的立場發言，內涵卻與《聖經》大有出入，甚至改寫了基督教對「天父、聖子、聖靈」的定義。

關於作者的真實身分，各種詮釋無奇不有。許多學員相信是歷史上那位耶穌基督，透過海倫的心識「通靈」一套全新的基督教思想。有些人則贊同比爾的看法，認為高層次的「基督意識」原本就在人心內，海倫不過是接觸到這一基督意識，不由自主地將其內涵傳出來。甚至有狂熱的學員認為《課程》其實是海倫自己的作品，只因海倫雖然才華洋溢，

卻隱含「精神分裂」的傾向，對自己寫出的內容十分恐懼，
因而下意識地想要隱藏自己的作者身分。

不管人們怎麼看待《課程》的來處，它的訊息相當清
晰，大幅改寫基督教神學之餘，也融入了寬恕的修持來推動
人心深度的轉化。我們接下來的幾章會進一步說明《課程》
徹底顛覆了傳統的寬恕，而且遲早要全盤顛覆我們的世界
觀。《課程》的寬恕並不是要求我們無視對方的錯誤、缺失
或侮辱，而是幫我們放下對自己和對此人的信念，最終拋開
自己對這世界的成見，一如〈練習手冊〉第一百三十二課所
說的「我要把世界由我所認定的模樣中釋放出來」，我們只
要每天放掉一點習以為常的世界觀，便堪為「上主之師」，
時時刻刻得嘗奇蹟的滋味。

何謂奇蹟？

《課程》對「奇蹟」的定義不折不扣地打破了傳統觀
念，原本期望《課程》能教他們治癒身體、體驗異象、渡
過難關的新學員，往往很快就大失所望。北加州學員史考
特・舒曼說：「我原以為『奇蹟』教的是奇幻體驗和念力致
富。」史考特每天練習兩次〈練習手冊〉，直到他深入這部
課程才逐漸明白，《奇蹟課程》是「一種鍛鍊心靈的修行法

門，讓心靈重新認識神的真相，體驗真正的平安。這門課程教給了我平安、喜樂、單純和慈悲」。

從這個角度來講，《課程》和我們多數人的第一印象實在大有出入。它並不像新時代所強調的心想事成這類「打造新世界秘笈」，讓世界更光明幸福，人人和平相處。〈正文〉和〈練習手冊〉再三叮嚀：我們每天眼見的物質世界並不是真實的存在，因此，認為我們能改變世界、療癒身體、讓人幸福、追尋正義，只是在企圖改善幻境而已。〈正文〉第二十一章這麼說：「不要設法去改變世界，而應決心改變你對世界的看法。」（T-21.in.1:7）〈練習手冊〉第一百二十八課也說了「眼前的世界沒有我真正想要的東西」。

奇蹟，如果不是旨在改造每天所面對的外境，那麼，它究竟又立意何在？《課程》提供了許多「奇蹟」的定義，但一言以蔽之，不外乎「轉變知見」，也就是改變我們看待世界的眼光。如果你想到過去就有一肚子怨氣，這一課程教你明白「往事再也影響不到你了」，唯有當前此刻才有意義。或者，如果總是有人刻意為難我們，它會鼓勵我們去看「真正的他」，這才是回復內心平安幸福的關鍵。又或者，如果你我感到孤獨，覺得被世界冷落遺棄了，它會提醒我們——只有「你」能真心愛自己，在心靈的層次上，我們其實是同一個生命，又怎麼可能孤單。

有時，我們會畏懼死亡，《課程》也從不以天國的永恆生命來安慰我們，它不給這類安慰劑，因我們從未失落永恆的生命，只是錯將人間這趟受時間限制的肉身之旅當成了真正的生命。我們的真實生命仍是空靈、無限且永恆的靈性，真實的你其實仍安居天堂，可惜我們被此生這個短暫的自我認同所蒙蔽，相信自己只是血肉之軀，既認不得真實的自己，也不敢享受全然的幸福。

我們若真相信這些說法，對知見的轉變可謂非同小可，甚至完全顛覆我們在這世界的親身經驗。可以這麼說，即使疾病可能好轉，惡劣的環境可能改變，但《課程》所談的「奇蹟」不是為了治病或改變外境而來的，而是為了將我們從這場人生大夢喚醒。它說：「你一生的光陰都耗在夢中。睡時的夢也好，醒時的夢也罷，不同的只是形式而已，內涵則毫無差別。」（T-18.II.5:12~14）

不立宗教的「心靈鍛鍊」

《奇蹟課程》一書採用了許多宗教詞彙和觀念，不禁讓人聯想此書是不是有意開創一個新宗教。也的確有若干小型教會將《課程》當作一種福音來傳播，或採用《課程》作為牧師培訓和認證的教材。然而，目前最具影響力的兩個教學

中心，位於南加州的「奇蹟課程基金會」和亞歷桑那州的「救贖之圓」（the Circle of Atonement）都只把《課程》視為深奧的靈性教材。舊金山頗具規模的「奇蹟社區中心」雖以教會形態呈現，但他們將耶穌視為人人皆可仿而效之的開悟典範，這點和傳統基督教的讚美崇拜也大不相同。

　　無論在哪一種奇蹟團體，學員都會想理解上主和基督的意義，並將這兩大理念融入日常生活。此外，《課程》還給了「罪」全新的定義，認為「罪」其實只是一種「錯誤」，可以透過新的思考方式加以修正；《課程》的神學就這樣徹底轉化了「有罪、罪咎、贖罪」等傳統意涵。

　　舉例來說，《奇蹟課程》的「救贖」並非要人贖罪，而是體悟出在心靈的層次上，我們與所有人、與真神都屬於同一生命。它不期待奇蹟學員去說服別人相信某種宗教理念，學員只需「親自接受救贖」，接受「我是一體自性，且與我的造物主一體不分」（W-95），而非仿效罪人悔改那一套行禮如儀的樣板。

　　這些全新的觀念配上每日一課的「心靈鍛鍊」，並不是為了向學員推銷一套新奇的宗教，而是改變人心思考的慣性，使學員能一貫地以寬恕之心看待人間的順逆變遷，一反過去恐懼、憤怒、睚眥必報的心態。〈練習手冊〉第三十四課可說是最具代表性的鍛鍊方式，不論面對什麼困難，學員

只需試著告訴自己「即使在這事上，我仍能看到平安」。

為此，毋寧說《課程》乃是一部運用寬恕的基本功夫、激發個人心靈轉化的完整教材。相對於一般宗教嚴防道德墮落和行為偏差，這部課程完全不談有形層次的是非對錯。《課程》沒有戒律，不設儀式，不禁止任何行為，對於墮胎、同性戀、婚外性行為、任何左派或右派的熱門話題，它什麼也沒說，如此一來，反而讓人不知所措。但只要細想自會明白，一門主張「這世界不存在」的課程，怎麼會去著墨「如何改善世界」？即使如瑪莉安‧威廉森這類從不諱言政治的奇蹟名嘴，也無法引用《奇蹟課程》支持任何政治立場。然而，你若因此認為《課程》只要我們獨善其身，可就大錯特錯了。〈正文〉第一章第一節「奇蹟原則」已經指出：奇蹟能夠「感動許多與你緣慳一面的人，為遠在天涯海角之人帶來不可思議的轉變」。

轉化人際關係的指南

雖然《奇蹟課程》通常被視為一門自修的課程，任何人都可以自行研讀，但從經驗來說，這門課程若只憑我們自己是學不成的。事實告訴我們，幾乎所有學員遲早都會尋求讀書會或奇蹟講師的協助，或倚賴市面上令人目不暇給的相關

輔讀書籍。有不少人以《課程》為自己的生活重心，打算終其一生與志同道合的人切磋琢磨，教學相長。奇蹟團體雖然沒有一定的樣態，但認真修持的資深學員相遇時，很難不生出惺惺相惜之感。

這一門課程雖以自修為始，最後還是要我們面對身邊的人事物，與人建立關係，因為所謂寬恕，畢竟離不開人。我們可以透過靜坐或禱告來長養寬恕心境，但最後仍需在人際關係中開花結果。研讀〈正文〉或依照指示操練每日一課，確實可以在家自修，也可以在讀書會共修。《課程》並未規定我們該怎麼讀，它說只要我們願意，內在導師（聖靈）從不吝惜指點，而操練的成效必會展現於具體的人際關係，其影響遠遠超過當事人的預期。

我開始讀《課程》沒多久就察覺到，即使我和父母老早就分居兩地，相隔三千哩，但我對父母親的憤怒卻仍然如此強烈！我們平日鮮少聯絡，我自然沒有跟他們提到自己在鑽研《奇蹟課程》。但在留意到內心的憤怒之後，我已在心裡開始將每日一課的操練運用在他們身上，尤其是第二十一課「我決心以不同的眼光去看事情」（W-21）。

下一次的見面機會來了。某日，我父母因為擔心我的健康，專程飛到加州來看我，這時我發現他們和以往大為不同，變得更放得開、更有回應，也更能坦然面對他們自己的

為難和無能為力，不再處處遮掩。說真的，他們一下子變化那麼大，我還真是嚇了一跳，當時我完全沒有把這樣的轉變和自己的寬恕功課聯想在一起。後來我意識到這兩件事的關聯時，我思考了一下其中的奧妙，發現很大一部分是因為我看待父母的方式改變了。說實話，我不曉得是哪一方改變得比較多，是我還是他們？不管如何，這個經驗是我的療癒過程所透出的第一道曙光。

我與父母的關係是我在奇蹟路上最早的功課，我的困境並沒有隨之在一夕之間迎刃而解，生活裡仍有諸多不如意，但這一重要的人際關係已朝向療癒彌合的方向前進了一大步。這樣的療癒並非我預先設想，但卻遠比我自己所能安排的更好更奇妙。《奇蹟課程》這麼說：「奇蹟是種習性，應是無心而發的。它不受意識的控制。有所揀擇的奇蹟容易受到誤導。」（T-1.I.5）

只因為我真心願意，要求自己嘗試用不同的方式看待生命中極其重要的部分，我與父母之間的奇蹟就這麼發生了。我的責任只在於「我願意改變」，但我掌控不了整個過程，也無從期待具體的結果，只能順其自然。那麼，究竟是誰負責掌管這些轉變？我內似乎還有一個比我所知更高的智慧在主導此事，對於這個智慧，我不曉得怎麼稱呼，姑且假設它就是《課程》所說的聖靈吧。

與內在導師相遇

　　《奇蹟課程》最令人震撼的神學觀點是，神非但從未創造眼前這個世界，祂根本連想都沒想過！這世界只是我們在腦海裡造出來的幻相。雖然課文時常提到一位慈愛全能的上主，祂愛我們而且只願我們幸福，但祂並不知道我們不僅睡著了，還掉進了一個受時空、物質和死亡所宰制的夢裡。上主無法為一個不存在的世界做任何事，當然也不可能干預人間的愛恨情仇或調解世間的紛爭。（但凡懷疑過慈愛真神怎會造出地震、海嘯、颶風等天災的朋友，相信都會對這驚世駭俗的宇宙觀產生共鳴）

　　在這場熙熙攘攘的人生大夢裡，我們多少都意識得到問題的嚴重性：美好竟然要以恐懼為代價，必須經過傷慟和苦難才嘗得出幸福的滋味，無論相信什麼、活得多循規蹈矩，終究難免一死。我們究竟做錯了什麼，才會困在這樣的世界裡？最慘的是，我們就這麼為自己的困境暗暗自責，為自己失去了無限永恆的境界而心生內疚，生怕上主遲早會降下懲罰。《課程》認為，就是這樣的心態，打造了人間宗教嚴厲冷酷、性喜審判，甚至動輒報復的神明形象。

　　《課程》是這麼描述這個世界的：

　　　　因為世界確是懲罰的具體象徵，它的運作法則好似

全受死亡控制。孩子們在痛苦中誕生，歷盡滄桑地活下去。痛苦伴隨著他們成長，他們所學的盡是悲傷、分離與死亡。他們的心靈好似囚禁在頭腦裡，身體一受到傷害，腦力就隨之減退。他們很想愛人，然而，一生不是遺棄別人就是被人遺棄。他們好似隨時都會痛失所愛，沒有比這更瘋狂的信念了。他們的身體日漸衰頹，一口氣接不上來，便是黃土一坏，重歸虛無。任誰都會感到造物主何其不仁。

如果這是真實的世界，上主確實不仁。（T-13.in. 2:4~11;3:1）

《課程》並不認為這樣的世界是真實的，它明白地指出，我們從未與上主的境界分開過，也未曾與靈性的生命分離，因那是不可能的事，所以我們也不可能受死亡或任何懲罰之苦。但是，生於世間的你我卻始終相信這個與天地造化（造物主）分離的夢，就是這類信念造就了我們眼前的苦難物質世界。若非我們心靈內還殘存一些家鄉的記憶，我們真的會迷失在這個分離的夢裡，無緣認清真相，更別說重獲幸福了。

所謂的「家鄉」，並不是基督徒所熟知的天堂，也不在宇宙任何一處，它屬於一種領悟，知道自己屬於無始無終、

無窮無盡的廣大意識。我們心靈裡殘存的那一點記憶，就是《課程》所稱的「聖靈」，祂好似神在我們心中留下的「信使」，將神無限而難以言喻的愛轉化爲人心可以領會的呵護和指引。可以這麼說，聖靈是我們對超時空的神性之愛所殘存的記憶。我們只要持續寬恕眼前的虛妄世界，便會愈來愈清楚眞實生命的眞諦。〈正文〉第二十一章有幾段非常詩意的文字，它用「古老旋律」比喻這一愛的記憶：

> 請聽！你可依稀記得一處悠遠古老、尚未全然遺忘的境界？你也許記憶模糊，但並非完全陌生。它好似你早已忘記曲名的一首老歌，也記不得曾在何處聽過。迴旋在你腦海裡的並非整首歌曲，而是一點兒餘響，你甚至想不起與此相關的人們、地點或事件。但這一點餘響已足以勾起你的回憶，漸漸憶起那首曲子的動人旋律、和它相關的美景，還有跟你一起聆聽的可愛人兒。

> 那些音符本身並沒有什麼特別。你所懷念的不是那些音符，而是它們悄悄勾起了你對某物的記憶；你一想到它，就會忍不住落淚。你本來記得的，但你害怕自己若憶起它，就會失去後天學來的那個世界。然而，你也知道，你由世上學來的所有一切，都遠不及那一點記憶值得你珍惜。好好地聆聽吧！看看你是否還記得那首熟悉的古老旋律，你對它

的珍愛遠遠超過你後來強迫自己喜歡的那些歌曲。
（T-21.I.6,7）

〈正文〉在序言裡將聖靈稱之為「內在導師」，充分說明了聖靈的角色，即使乍聽之下很像基督教「聖三」中的聖靈，但《課程》的聖靈既不具天主教或新教神學所賦予的職責，也沒有基督教靈恩教派「說異語」的神恩。更簡單地說，《課程》的聖靈其實更貼近覺醒意識或悟性，它不只是分辨是非對錯的能力，而是一種由內而發的直覺，指引我們以愛去思考、行動、與人往來，而不再任由恐懼四處竄流。

《奇蹟課程》認為，我們隨時可以選擇聆聽聖靈的指引，也可以選擇繼續活在恐懼裡。只因為恐懼是人性的「預設模式」，我們若一再選擇恐懼，我們的意識便會繼續困在這具活在死亡陰影下的身體。反之，我們愈是懂得聆聽聖靈，愈是能選擇愛，我們就愈不容易困在生死輪迴的表象，進而意識到自己的存在確實可以不受時空局限，體認到自己本質的清白無罪。然而，內心的領悟未必讓我們看起來更開悟或更特別，事實上，外表的變化可能微細到難以察覺：

有一種方式能幫你活在狀似此世又非此世的世界。你不必改變外在的生活形態，只是臉上更常掛著微笑。你的面容安詳，眼神寧靜。與你同道的人間過客都會認出你是自家人。至於那些尚未找到人生方

向的人，他們也會認出以前的你，並相信你和他們
沒有兩樣。（W-155.1）

化解小我

《奇蹟課程》的神學觀點處處違反傳統宗教的思路，它
提供了一系列高難度的個人成長轉化指南，小我的運作在它
的分析之下根本無所遁形，它筆意運思之犀利，當代任何心
理學作品都望塵莫及。海倫和比爾都是學養深厚的臨床心理
學家，他們的專業在《課程》裡發揮得淋漓盡致，就連老跟
《課程》劃清界線的海倫也不得不承認這本書的文字形式的
確是她個人的風格。這不由得讓人好奇，要是《課程》的筆
錄者不是心理學家，它又會呈現出怎樣的樣貌？無論如何，
這部書對人性刻畫之深刻，巨幅提昇了讀者的眼界，與後佛
洛依德時代的「靈性心理學」、「超個人心理學」可謂不謀
而合。

儘管《課程》積極地鼓勵我們活出「宇宙一體意識」，
但它也毫不留情地指出，小我是如何根深柢固地認為自己是
一體意識之外的另一生命：

　　小我為了自保，可說無所不用其極，它的種種本事

都是出自小我一直想要否定的心靈能力。……小我所賴以生存的，竟是徹底威脅它存在之物。由於它不敢面對這一威脅，故不得不設法貶抑它的力量。結果反而威脅到自身的存在，這種處境真的令它忍無可忍。小我為了維護它那瘋狂失常的邏輯，不能不繼續用徹底瘋狂的方法來解決徹底瘋狂的困境。因此，為了消除心目中的威脅，小我只好把這種威脅投射到你身上，而對真實的你視若無睹。你若與小我沆瀣一氣，保證你再也無法知道自己的保障何在，如此，小我才可能繼續瘋狂下去。（T-7. VI.3:1,5~10）

諸如此類的章節不勝枚舉，但請注意，即使《課程》所指稱的「小我」和佛洛依德心理學的「自我」都使用相同的 ego 這個字，但《課程》從未採用佛氏的另兩個重要概念——id（本我）、super ego（超我），它所論述的人類心理架構也與佛氏的理論大異其趣。佛洛依德所謂的自我，本質上是一個戰場，不斷在本我的衝動和超我的道德判斷之間掙扎；《課程》的對象則是「你」，一個有抉擇能力的智慧生命，「你」能選擇小我反覆無常的恐懼心態，也能選擇聆聽聖靈一貫的愛之訊息。〈練習手冊〉每日的心靈鍛鍊並不是為了修理小我，而是教導我們的心靈選擇新的習性，以逐漸取代小我的恐懼慣性，誠如〈正文〉第三十章「作決定的

準則」一節所言：

> 每個人隨時都在作決定。然而，作決定之際未必知
> 道自己在作決定。只要你能在自己意識到的決定上
> 稍加練習，便可培養出一個慣性，幫你看穿其他種
> 種的決定。你也無需緊張得每一步都如履薄冰，那
> 並非明智之舉。只要能在清醒時有所覺知地採取適
> 當的步驟，面對任何事情或境遇，你都會游刃有餘
> 的。你若發現內心生起強烈的抗拒而又欲振乏力，
> 表示你尚未準備妥當。**不要與自己交戰**。此時，只
> 需回想一下自己究竟想要過什麼樣的日子，再告訴
> 自己，你有辦法能讓自己經歷那種日子。然後，試
> 著活出你心裡想要的日子即可。（T-30.I.1）

重點摘要

「奇蹟課程究竟是怎樣的一本書？」並不是容易回
答的問題。即使徹底改寫了基督教神學，但它既不是宗
教，也沒有開宗立派的意願；雖然提出了一個教人改變
自己的藍圖，但它從不妄談改善或拯救世界。它一方面

徹底否定了我們視為天經地義的現實世界，同時敦促我們寬恕眼前的現實，切莫沉溺在憎恨或虛無而難以自拔。此書對小我心理的犀利分析確實前所未見，但它為小我五花八門的問題提供的解答卻純屬靈性層次，此乃精神分析和心理治療之所闕如。「心靈鍛鍊」是這本書為人類共同困境所開立的處方，教導心靈揚棄恐懼所驅使的思考、感受、行為慣性，讓愛自然而然的流露。

與《奇蹟課程》有緣的學員多半都有同感：本課程是對我們荒腔走板的人生所投下的一帖特效藥，而且療效完全出乎我們意料。也許我們不菸不酒，也沒有陷入互虐的人際關係，但我們其實多少都「上癮了」——陷入一種自討苦吃的心態，明知這樣一定活得很慘，卻始終欲罷不能。下一章就會提到，只要我們內心有一部分真正「準備好了」，本課程總有辦法出其不意地「打入」我們的生命。

2 奇蹟之緣

這是闡釋奇蹟的課程。是一門必修的課程。只有投
入時間的多少是隨意的。隨自己的意願並不表示你
可以自訂課程。它只表示在某段時間內你可以選擇
自己所要學習的。（T-in.1:1~5）

　　二十多年來，我訪談過無以計數的奇蹟學員，有兩位學
員告訴我，他們與《奇蹟課程》之邂逅，是它從舊書店裡的
書堆掉下來，不偏不倚砸到頭上的。從1975年首次出版以
來，這本藍皮書已流通了兩百萬本，這麼算來，砸中兩個人
或許不算什麼，但是想想，這意味著有多少人買了書卻擱置
一邊，或略加翻讀就氣得扔開，這就有點意思了。

　　更有意思的是，半途而廢的讀者日後大多會重拾此書。
我聽過許多學員聊到他們接觸這部《課程》的故事，從買書
到閱讀，往往要拖上好幾個月，甚至要「晾」上好幾年。有
一個學員和我抱怨過，他前前後後一共買了七本，「快讓心
靈平安基金會賺翻了」。但他肯定不是想擺脫這本書的第一

位，《課程》的筆錄者海倫在一次難得的錄音訪談裡坦承：
「不管我怎麼做，就是甩不掉這本書。真的，我試過，就是
擺脫不了。」海倫有一次真的把筆錄初稿扔進垃圾桶，結果
第二天一早，她和比爾兩個人發瘋似地翻遍了哥倫比亞大學
附近所有的垃圾場才找回稿件，從此，海倫再也不敢把稿子
「丟掉」了。

　　聽多了這類恨不得甩掉這本書的故事，很難想像這門課
程其實頗受學員愛戴，甚至不乏狂熱分子。我就認識一個
「24小時讀奇蹟」的學員，他成天耳機不離身，收聽《奇蹟
課程》有聲書，在書裡貼滿筆記，把隨身攜帶的藍皮書撐得
鼓鼓的。當然，也有不少人只是順手翻一翻而已，自然談不
上什麼感受。但那些持之以恆真正讀進去的人，這本書對他
心靈造成的震撼，絕對不亞於書本從書架砸到腦袋的力道。

放諸四海皆準的經驗

　　〈學員練習手冊〉的第一課「我在這房間（街上、窗
口、此地）所看到的一切，不具任何意義」，為接下來為期
一年的心靈旅程揭開了序幕，引領讀者與潛意識交鋒、發掘
真相，從此改變一生。只消讀讀前面幾課，不難發現那完全
是衝著我們的「心理投射慣性」而說的。第二課說：「我在

這房間（街上、窗口、此地）所看到的一切，對我所具的意義，完全是我自己賦予的。」第七課又說：「我所看到的只是過去的經驗。」《課程》很快就讓我們意識到，看待事物的角度原來可以這麼不同！另如第二十八課：「首要之務，我要以不同的眼光來看待萬物。」第二十九課：「上主在我所看到的萬物之內。」透過這種開門見山的手法，《課程》對讀者的固有心態來個迎頭痛擊，藉之剷除人心對世界天經地義的看法，重新長養我們看待事物的全新眼光。

對我來說，這整套心靈課程開始前的說明至為重要，也就是〈學員練習手冊〉的導言：

〈練習手冊〉中有些觀念恐怕會令你感到難以置信，有些則有聳人聽聞之嫌。這些都無妨。你只要按照指示去運用這些觀念即可。請勿妄自評判。只要你發揮其用。就在運用之際，你會看出它的意義，明白它真實不虛。

你只需記住這一點：你不用相信或接受這些觀念，甚至無需心懷好感。某些觀念還可能會激起你的抗拒心理。這一切都無妨，亦無損其有效性。在運用〈練習手冊〉的觀念時，絕不允許自己擅自設定一些例外；不論你對這些觀念有何反彈，利用這些反

彈來練習吧！它所要求的，僅僅如此而已。
（W-in.8~9）

　　如此開宗明義就說「你不用相信這些觀念」，只要試著運用這些觀念，你自能「明白它真實不虛」，這正是《課程》與一般宗教最大的分野，後者動輒以天譴或失去神恩威脅我們，強制信徒接受某些信條。《課程》深知它某些說法很可能引發讀者的不認同或反彈，故如此提醒「試著運用這些觀念」，只要讀者嘗到活出這些觀念的滋味，自會欣然接受，不需強迫推銷。

　　雖然這是一部純靈性的課程，它的方法卻充滿科學驗證的精神，要讀者將〈練習手冊〉的每一課視為一個有待驗證的假說。即使我們已經先入為主，抱持成見，甚至認為那一假說不可能為真，但只要我們真心想學，隨時可以依據自己親身測試的結果，評估這些假設是否站得住腳。

　　這本書沒有權威機構強制修煉，從未設下學習條件，做不完練習也沒有懲罰，可見操練《課程》純粹是一種自動自發的意識轉化實驗。《課程》也曾提及，它不過是各種普世課程之一，這意味著還有許多其他教學形式，也都能為有緣人「節省時間」。正如〈詞彙解析〉裡說的：

　　人間不可能有放諸四海皆準的神學理論的；然而，
　　放諸四海皆準的經驗不只是可能，而且是必須的。

本課程的目標就是指向這一經驗。（C-in.2:5,6）

對新學員而言，想了解《奇蹟課程》，必須明白這門課程並不想改變任何人的宗教信仰，更無意灌輸一套排他性的特殊信念（就我所知，有些學員在研讀《課程》的同時，仍然持續修持其原本的宗教；我也遇過幾位繼續堅守不可知論或無神論的奇蹟學員）。無論是深奧的〈正文〉還是每日一課的練習，它的目的只在於指向某種經驗，更精確地說，是一連串改變提昇的經驗；它對人類意識的改變，遠比「信仰」層次更為深刻。

當然，並不是每個人一開始就有這麼深的體會，以我為例，我的奇蹟體驗相當典型，一開始只是舊觀點的微細轉變，日積月累之後，觀念愈來愈清晰，體驗也愈來愈深刻。接觸《課程》後沒多久，有一天我開車經過加州柏克萊老家附近，突然意識到——老天！我正行駛其上的街道，路面不過幾吋厚而已。這一發現聽起來平淡無奇，對我卻獨具啟示，因為我突然意識到，原來我心裡的「老家地圖」並非永久不變的，而我那種認定它恆常堅實的感受只是一種錯覺。在那一刻之前，我總是下意識地認定這條路永遠存在，熟悉的風景永遠不會改變，包括那些建築物、人行道、路邊的行道樹，彷彿都紮了根直通地心，永不消失。

理性上，我當然知道這些道路早已重鋪多次，大樓總有

拆毀或重建之日，草木也有凋零之時，但在認出這路面有多
薄多脆弱的那一刻，我同時看到，我之所以將眼前這物質世
界看得如此堅實不變，完全是出於自己情感上的執著和依
戀。用《課程》的話來說，我將「永恆的意義」賦予必朽之
物，萬事萬物的意義原來都是我指定的，一點也沒錯。自此
之後，這一無常的體驗，在我心裡不斷重現，引發了後續種
種經驗。

　　這一體驗沒多久便醞釀出更強烈的反思。很快地，我察
覺到自己心中那麼多的偏見和怨憎，這些執著就像我心裡那
張老家地圖上的「永生柏油路」，只有我才認定它們註定在
那兒，永遠不能改變。要是連物質世界都不那麼堅實，甚至
下一瞬間就要改變，那麼，我心裡對自己和他人、對這世界
那些「天經地義」的信念又如何呢？是不是下一瞬間也保不
住了？

　　這類內在的轉變，雖然多少令我倉皇而不知如何自處，
但同時也帶來了一種解脫感。〈練習手冊〉的第六課要學員
去思考「我煩惱，是因為我看到了根本不存在的事物」，要
是我們每天看見的世界，是一個看似冷酷無情、無望改變的
世界，這個看法一旦鬆動，會是多大的釋放和解脫！當然，
看待世界的眼光常隨著心情起伏而變化，但《課程》要我們
質疑自己習以為常的看法，教我們以全新的眼光看待這世
界，永不退轉。這就是《課程》所說的「放諸四海皆準的經

驗」之始，也是人間所有課程必然的歸宿。確實，遇上《奇
蹟課程》的人都免不了自問，這門課程真的適合我嗎？

最後一絲希望

「標準」的奇蹟學員應該是什麼模樣，實在難以形容，
不過他們有一個共通的特色：大多數學員是在尋找救恩或解
脫的路上踏破鐵鞋之後才發現《奇蹟課程》的。定居科羅拉
多的作家蘇珊・杜岡（Susan Dugan）說：

> 打從小時候，我就比一般人更敏感。為了讓內心平
> 靜下來，從傳統醫療、靈療、瑜伽，到各種靜坐冥
> 想、禪修，幾乎都試過了，每一種都能讓我好過一
> 陣子，然而，寂寞、絕望、自我憎惡的念頭仍是接
> 踵而來，讓我對自己每個選擇懊悔不已。遇到一點
> 小挫折就像世界末日，還不時為自己的困境歸咎他
> 人，這些行為模式始終沒有改變。我需要幫助，但
> 不知向誰求援。我開始向一股似有若無的「善」的
> 力量求助，當我心情較好的時候，我可以感受得到
> 它的存在，但願那不是我自己捏造出來的。接著，
> 我開始嘗試向自己所相信的這股力量祈禱，希望
> 別再讓我掉回地獄。我的禱詞很簡單，就是「求求

祢，幫助我，幫助我」，於是，一連串因緣巧合出現了，《奇蹟課程》好似上天給我的答覆。

蘇珊的故事與許多學員的經驗有三個共通之處：

- 個性比較敏感，以至於意志和自我價值常會瀕臨崩解的危機。
- 不滿過去的宗教信仰或療癒方法。
- 發自內心虔誠祈禱，徹底放下，終於與《奇蹟課程》不期而遇。

這種放下的過程，往往相當曲折，正因他對過去的宗教或療癒方法既然有諸多不滿，對世界、對救贖、對療癒還能懷抱多少期望？這麼說吧，「準奇蹟學員」多半不是心靈路上的新手，在邂逅《奇蹟課程》之前，用「歷盡滄桑」來形容，一點也不為過。

我的轉機則是被慢性疲勞症候群折騰了幾個月，群醫束手無策、藥石罔效後才出現的。即使當時已經愈來愈沒法子接案賺錢，我還是在所剩無幾的積蓄裡擠出一筆錢去試試溫泉療法，期望一趟泥巴浴能排除我體內的毒素，結果，那趟療程差點沒把我整死。一整個下午直到晚上，我平躺在密不透光的暗室裡，希望能熬過可怕的偏頭痛，暗暗祈禱：「千萬別掛急診才好！」我躺在床上，想到此刻沒有人知道我身在何處，孤絕和挫敗感淹沒了我，我才三十二歲，生命卻好

似走到了盡頭，前景黯淡淒涼。

　　即使我一向不相信祈禱，對神的存在也半信半疑，在暗室裡似夢似醒之際，我發現自己好幾次醒來時脫口喊出：「我投降了，我不再靠自己作任何決定，我把生命交給你了！」那時我並不曉得那個「你」是何方神聖，我和蘇珊‧杜岡一樣，只是模模糊糊感到有一個「善」的力量，比我個人的心念更有力。第二天早上醒來時我已好過多了，回想起昨晚的囈語有些難為情，然而，那一刻的感受確實是由衷而發的。我第一次如此深刻感受到自己的力量多麼渺小，多麼微不足道！

　　不到一週，一篇談《奇蹟課程》的文章引起我的注意，我想買來一讀，但那時只有精裝版，一本要價美金四十元，我不禁卻步三分。沒多久，我信步走進診所對街一家新時代書店，真巧，書店老闆剛剛進了整整兩排的《奇蹟課程》，而且是最新的平裝版，價格只要精裝的一半！沒想到我先前對書價的顧慮這麼快就消解了。我的第一本《奇蹟課程》就是這麼來的。

　　這不是唯一的一次奇遇，我開始閱讀《課程》之後碰過好多類似的巧合，雖然沒有像「被書砸到頭」那麼戲劇化，但真有被「推」了一把的感覺。這本書文句奇僻，論點匪夷所思，若不是我強烈感受到，這可能是我這一痼疾的最後一

線希望，我不知道自己是否會堅持讀下去。那時，為了救救自己這條小命，什麼偏方我都樂於一試。

《奇蹟課程》有這麼一段話：

> 人忍受痛苦的耐力雖高，終究有其限度。遲早，心靈會隱隱地冒出一念：「一定還有更好的途徑才對」。當這一體會愈來愈根深柢固時，便成了人生的轉捩點。這一念終將喚醒人的靈心慧眼，不再像以前那麼堅持肉眼之見。當你還在兩種知見層次之間往返不定之際，心中難免有所掙扎，甚至爆發為強烈的衝突。但最後的結果必如上主一般屹立不搖。（T-2.III.3:5~10）

《課程》怎麼找到它的學生？

雖然《課程》在美國已流傳三十年以上，全世界有十九種其他語言的譯本，但這本書從沒上過全美暢銷書排行榜，也絕非家家必備的聖書寶典。大約在1995年前後，《愛的奇蹟課程》（*A Return to Love*）作者瑪莉安・威廉森推出一系列新書，暢談靈性與政治，成為眾所矚目的名嘴之後，《奇蹟課程》攀上了年銷七萬五千本的高峰。在這同時，傑若・

簡波斯基、韋恩・戴爾、葛瑞・雷納這群暢銷作家在他們的書中提到《奇蹟課程》，這本書才逐漸為大眾所知。它的出版機構「心靈平安基金會」屬於非營利機構，從來沒有為此書花錢打廣告，也不做任何公關行銷，他們寧願靠讀者口耳相傳，就像第一版《奇蹟課程》也是應讀者需求而出版的。

從 1996 到 2001 年之間，由於美國境內的行銷業務吃重，基金會曾將此書授權給一家頗具規模的出版社，此書才獲得正規的書市行銷和上架機會。我曾在一家連鎖書店，看到好幾套新出版的《奇蹟課程》被特意擺在店面前方的顯眼處，我站在一旁觀察了二十分鐘，大約有五六個顧客順手拿起這本不起眼的藍皮書，好奇地翻開來，瞄了一兩頁就眉頭深鎖、表情困惑地把書放回架上。從此我知道，書市行銷那一套花招，對這本書完全使不上力。

聽多了人們遇上《課程》的故事，我們會發現，這本書與眾不同的流傳方式，不是讀者在找此書，而是此書在找它的有緣人。它不像坊間流行的勵志書籍那樣，一步一步地協助讀者找到真愛、減重成功、重建自尊；反之，《課程》對這類熱門話題從未提供立竿見影的解決之道。你只要翻開〈正文〉的導言，心裡大概就有數了：「本課程可以簡單地歸納為下面幾句話：**凡是真實的，不受任何威脅；凡是不真實的，根本不存在。上主的平安即在其中。**」

　　這幾句話對大多數人而言有如天書，它竟然還能吸引一群讀者繼續閱讀下去，就算他未必讀完全書一千兩百頁，也已經堪稱奇蹟了。我自己讀了這些年，也常和其他學員與教師聊到這一現象，歸納出一個結論：它對我們的吸引力大都屬於潛意識層次。它那深奧曲折的文字風格，並不是針對只想速戰速決的小我心態而寫的，而是在和心靈更深的層次或說「靈魂」暗通款曲。可以說，它是針對我們心裡渴望圓滿與合一的覺性而發的，而這一漫長的追尋歷程，往往不見容於小我所追求的「正常」目標。

　　或許是因為《課程》骨子裡「一針見血，直指人心」的魅力吧，有一個現象頗為奇特：不少學員即使買了書也不會馬上認真研讀。有位學員東尼‧涅爾說：

> 我買了書，把它擱在書架上起碼一年之久，有一天，我決心要從頭到尾讀一遍，好歹知道它說些什麼。沒想到，第一次讀就有愛的感覺！雖然還是似懂非懂，但讀來不乏會心之處。我心裡知道，它說的是真的。

　　我也聽過不少學員買了書之後迫不及待一頭鑽進〈正文〉或〈練習手冊〉，愈讀愈困惑，最後索性束之高閣，甚至一擱就是十年，直到有一天，說不出所以然，又從書架拿出蒙塵已久的《奇蹟課程》，讀了幾段，便把某一主題或

某一課給讀進心裡去了。又有些人是在其他書上讀到這本書的簡介，才回頭翻閱此書。無論是哪種情況，看來讀者必須「準備好了」，才能認眞地持續下去。

有些人可能一開始就「準備好了」，像我遇到《課程》之前已到了走投無路的地步，才會一頭鑽進這本巨著。中間雖然停了幾次，不敢確定自己能否讀完全書，後來還是在一年半內紮紮實實地讀完〈正文〉、〈學員練習手冊〉與〈教師指南〉。回想起來，那速度算是快得驚人，我很少聽到有人在一年內讀完全書的。大多數學員讀完一遍之後，幾無例外，都會回頭複習〈正文〉、操練〈練習手冊〉，一搞就是好多年。我自己讀《奇蹟課程》二十五年了，雖然沒有從頭到尾再讀過一遍，但每天東讀一篇、西讀一段，這麼多年累積下來，全書也應該算是讀了三到四次了。至於〈學員練習手冊〉，操練過第一輪之後，我的練習就隨興多了，通常也以此開始我的一天。如此這般，經過多年的浸潤，《奇蹟課程》已成了我檢驗一己心識狀態的試金石。

雖然我寫了不少談《奇蹟課程》的文章，也給學員提供一些入門課程，但我很少向從未聽說此書的朋友推薦它。我寫文章的目的，純粹是爲了讓大眾對此書的背景有正確的認知，絲毫沒有推薦之意。事實上，當前的奇蹟教師或他們的團體鮮少帶有傳教心態，在奇蹟圈內也普遍建立了這種共識，傳教行爲概屬異數，絕非《課程》的主流。

　　大多數的資深學員和教師都是經年累月、一點一滴逐步深入這門課程的，他們多半得先克服自己的懷疑心態，才可能接受這麼一門遠離主流文化的思想。由於《課程》的深奧艱澀，故也難以躋身於要求簡單明瞭的行銷廣告，不過，偶爾也有若干新時代或勵志團體，為了推銷他們的研習課程，不惜將《課程》簡化，甚至扭曲了它的精神。

　　《奇蹟課程》正是那種不靠密集宣傳行銷，僅憑口耳相傳就累積了無數閱讀人口的「傳奇書籍」。儘管如此，我很少聽到有人只因一位朋友推薦就接受此書，多半是聽了好些人一再提及，之後終於按捺不下好奇心才去翻閱的。

　　認真說來，只有心理準備好的人，《奇蹟課程》才會現身於他的生命裡。即使有些人接觸此書的經歷尚淺，或僅僅讀了一部分的〈正文〉，甚至只操練過幾課〈練習手冊〉，他們也每每坦言，受到的影響是不可估量的。儘管此書以嚴謹密實的課程形式呈現，最後還附上了簡明扼要的〈教師指南〉，但對於初入門者該從哪一部分開始閱讀，它並無明確的指示。

先讀〈正文〉、〈學員練習手冊〉 還是〈教師指南〉？

《奇蹟課程》直到第三部〈教師指南〉最後的「未盡之言」，才提到：「有些學生可能先讀這部〈指南〉獲益較大。有些學生可能比較適合由〈練習手冊〉下手。又有些學生可能需要由比較抽象的〈正文〉開始。……這部課程非常注重因材施教，每一部都有聖靈的特別用意及指示。向祂請教吧！祂必會答覆你的。」（M-29.1:5~7;2:6~7）

也許讀者會忍不住想問，這本書為什麼不在開卷之始就作出交代？曲曲折折說了上千頁之後，才在結尾給出這麼不具體的指示，用意何在？我想，答覆就在於「每一部都有聖靈的特別用意及指示」。《奇蹟課程》的觀點是，無論我們是否意識得到聖靈，祂的指引一直都在那裡。我們的意識裡一定有某個層次聽到了這一教導，才會找上這門課程的；而無論何等因緣遇上此書，一切絕非偶然，我們一定已經接收到某種指引，才會遇到「普世課程」中的這一門課程。

至於要如何研讀這本書，其實並無所謂。就算我們拖拖拉拉，甚至一腳踢開它也沒關係。要之，讀《課程》並不是為了成為此書的終身信徒，而是培養自己自動自發地與聖靈連結，也就是與我們內在的「善性」連結。只要調準了內在

直覺智慧的頻率，我們就會愈學愈輕鬆，生活上的困擾也自然愈來愈少。如此說來，所謂的「正確」的學習方式，就是把握每個機會向內在的聖靈尋求指引，即使我們未必隨時意識到祂，只需相信祂必會指引我們的閱讀與生活，也就綽綽有餘了。

回顧我自己接觸《奇蹟課程》的過程，我覺得最重要的契機，是那次偏頭痛引發的「降伏經驗」──我終於願意接受靈性的指引了。雖然當時沒意識到兩件事的關聯，但我的確經此指引，找到了《奇蹟課程》，而且不知為什麼，我覺得理所當然該從〈練習手冊〉開始，同時配合〈正文〉，全心投入了六個月。能這麼專注，多少拜當時的狀態所賜，我生了重病，大多時間窩在家裡，每天不定時醒來幾小時，除了讀書之外，我無法做任何事情。那陣子我很容易陷入昏睡，但怎麼睡也睡不飽（慢性疲勞症候群的主要症狀），即使醒來，也往往似醒非醒，意識和無意識不像平時那麼涇渭分明。在這種狀態下讀書，似乎比純粹理性狀態來得更深入，這倒出乎我意料之外。

可能這就是《奇蹟課程》的妙處所在，它不僅能同時向讀者意識的不同層面講話，有時候還故意把我們搞得迷迷糊糊，好趁隙穿透更深的意識層次。這本書的散文筆觸有時犀利如刀，有時抒情如詩，有時嚴峻，有時慈愛。雖然此書的筆錄者海倫堅稱她自己寫不出這樣的訊息，但書中的文采與

它傳遞的訊息之間相互輝映的筆法，可說已至鬼斧神工的境界，我們在下一章可以好好欣賞一番。

重點摘要

　　這一門轉化人類意識的課程，雖然擺明了就是要挑戰你我的習氣，卻從不規定學員必須如何練習，也沒有一個機構管理或控制這自成一格的課程。如前所說，不少讀者略作翻閱便將之丟開，或一時或多年，才會重新展讀，其實，此書在理論性的〈正文〉、實踐性的〈學員練習手冊〉，以及簡明扼要的〈教師指南〉，整部書的編排可謂井然有序，讀者大可按圖索驥，依序研讀。雖然〈教師指南〉曾提到，學員可依自己的靈感，由任一部開始讀起。不過，此書並非速成課程，讀者難免生起不得其門而入之嘆，真正讀進去的，大都屬於下意識受到某種「召叫」的一群，他們有更深的理想、更長遠的目標，坊間各種教人壯大自我的心理勵志課程顯然已無法滿足他們了。

　　總括而言，《奇蹟課程》與傳統宗教教條不同，它

的重點不在於向追隨者灌輸一套信條，而是為讀者導向
人類意識朝圓滿、合一與平安進化時必然臻至的「普世
性經驗」。當讀者內心準備好踏上《課程》這一特殊的
靈修途徑之時，這部書自會現身。無論學員是勇猛精進
地日夜研讀，還是拖泥帶水斷斷續續地讀上好幾年，全
看我們如何接受聖靈的指引，而祂就是一直臨在於人類
意識裡的「內在導師」。是的，若要學習這部課程，我
們就得慢慢學習隨時隨地傾聽那智慧之言。

3 穿越文字的迷障

> 反正上主聽不懂人的語言，因爲語言乃是分裂的心
> 靈爲了繼續活在分裂的幻境中而造出來的。然而，
> 語言對初學者特別有用，它能幫人專注，幫他排除
> 或至少控制住有如脫韁之馬的雜念。然而，不要忘
> 了，語言只是象徵的象徵。因此，它離眞相有雙重
> 之隔。（M-21.1:7~10）

〈教師指南〉這一段點出了閱讀《課程》的一大挑戰，
不只是因爲它字句深奧，而是我們根本不可能憑字面理解經
典的眞諦。語言文字只是讓我們聯想到某人、某事、某一觀
念或某種情境的象徵，至於會讓你想到什麼，或勾起怎樣的
想法，常依個人成長的社會和文化背景而異，故也難免涉及
個人成見。

也就是說，語言是我們「貼」在各種概念上的「標
籤」，讓我們在傳達概念時知道自己和對方談的是不是同一
件事。《課程》更進一步用「象徵的象徵」一詞提醒我們，

語言能指出的仍屬於理念層次，就連人類這麼具體的存在也不過是一種「理念」：

> 你不難相信，當他人向上主發出愛的求助時，你的求助之聲也一樣強烈。切莫認為上主若答覆了他的求助，你的祈求就會落空。相反的，你應把他的成功視為你勝利的先聲。因為冥冥中你已體會出上主其實是一種「理念」，你對祂的信心會藉著分享而更為堅固。真正讓你難以接受的，乃是你的存在與天父一樣也屬於一種「理念」而已。你的生命原本如祂一般，徹底給出之後，你的生命只增不減，有得無失。這才是平安的基礎，因它內沒有衝突。
> (T-15.VI.4)

這段話指出一個震撼人心的「事實」：不光天父是人心發明的理念，就連我們也是！但是，看看眼下的自己，我們怎麼可能不相信自己就是這一具擁有個體意識的血肉之軀？若從《奇蹟課程》的角度來看，我們所珍視的個體性不過是一種分裂的象徵，而且這一分裂從未發生過。〈練習手冊〉第一百六十一課這麼說：

> 一位弟兄就等於所有的弟兄。一個心靈包含了所有的心靈，因每個心靈都是同一生命。這就是真理實相。然而，這些觀點是否為你澄清了萬事萬物

的存在意義？這些說法，你可徹底明白它的真義？它們很可能只是一些空洞的說詞，聽起來好似言之成理，其實，你並不了解，你還會感到那根本是不可能了解的事。自從心靈教會自己具體的推理思考之後，它再也無法領悟那無所不包的抽象意境了。我們只需看清這一點，所學到的就已不可限量了。

（W-161.4）

這一段引文，足以讓我們感受到《課程》的超然立場，猶如站在一個高於人類存在的角度對讀者發言，它不僅提出一個反傳統的新實相觀點，還設計了一整套轉化心靈運作模式的修練方法。為此，《課程》的筆法極盡曲折之能事，讓讀者在莫測高深之餘不知不覺地潛移默化。此外，必須一提的是，即使此書的筆錄者從不以作者自居，但全書文字風格的確出自她的手筆；正因如此，我們操練《課程》更需處處留神的一個關鍵，即是不把此書的訊息內涵與表達形式混為一談。

此書的字句從何而來？

剛接觸《課程》的朋友，在發現此書作者以耶穌基督自居時反應不一：有人流露幾許輕蔑，有人左右為難，有些

人則全然接受。如果我們相信此書出自這麼一位非比尋常的作者，多少會以為《課程》是透過一種完美無瑕的方式傳遞的，也就是說，海倫聽到耶穌的訊息，鄭重其事地逐字筆錄，未經潤改，就成了現在的正式版本。然而，事實並非如此，此書長達七年的筆錄過程，充分反映出神秘啟示與人類創造能力的一種互動，而這種互動本身即是一個相當引人入勝且值得深究的課題。

眾人皆知海倫聽到一個「聲音」，要她記下這部《課程》。海倫一直試著說明那「聲音」究竟是怎麼一回事，根據她在 1976 年的錄音訪談：「我雖稱之為『那聲音』，但它其實不是聲音……事實上，我並不是用『聽』的，那種感覺很難描述，也許用『認出』會比『聽到』更貼切。」海倫唯一肯定的是：「那聲音並不是我的，因為『它』談的內容，我全然陌生。」

肯尼斯·霍布尼克博士在一篇回顧編輯過程的長文裡也提到這一點：「耶穌並不是用『說』的。」（此文收錄於「心靈平安基金會」的線上資料庫〔原註〕）肯尼斯當年與海倫合作，為《奇蹟課程》作了最後一次的編輯，在此之前，海倫已開始在「那聲音」的指導下與比爾一起親手修訂

〔原註〕心靈平安基金會線上資料庫網址 http://acim-archives.org/Publishing/ editing_history.html （譯註：本文中譯已刊登於「奇蹟課程中文部網站」http://www.acimtaiwan.info/viewtopic.php?p=11096）

幾次了。請記得，海倫是以自創的速記符號記錄她腦海裡呈現的「口述內容」，然後向比爾誦讀出自己的筆記，再由比爾逐字打出的。因此，《課程》並非「自動書寫」的產物，也絕不是海倫一字不漏錄下耶穌口授的作品。事實上，〈正文〉的前五章在交由心靈平安基金會出版之前，就經歷了大幅修訂（這幾章的筆錄文稿顯示，海倫仍和「那聲音」不斷對話答辯，大多涉及她與比爾的私事，第六章開始才逐漸成為「那聲音」的「獨白體」）。

肯尼斯這篇長文提到，《課程》的形式與架構完全是海倫心靈的產物，例如採用英式英文，卻沿用美式俚語。舉例來說，〈練習手冊〉第七十六課「我只受上主天律的管轄」就有這樣的句子：「你真的認為，你若不囤積一疊疊鈔票以及一堆堆銅板，你就會餓死？」其中的「一疊疊鈔票」，顯然指的就是美鈔〔譯註一〕。肯尼斯還指出，《奇蹟課程》的架構——〈正文〉、〈學員練習手冊〉的每日一課以及〈教師指南〉，也是擁有教師背景的海倫所習慣的形式。

此外，海倫熱愛莎士比亞的作品，《課程》有不少片段以莎翁的「五音抑揚格」〔譯註二〕寫成，以〈練習手冊〉第

〔譯註一〕「一疊疊鈔票」的原文是 stacks of green paper strips（一疊疊綠紙條），大部分美鈔的外觀為綠色，故美式俚語以這一說法代表美鈔。

〔譯註二〕五音抑揚格（iambic pentameter），每行五個「音步」，每個音步有兩個音節，在朗讀時重音落在第二音節。

一百零七課為例，這一段的原文就是非常漂亮的詩句：

When truth has come it does not stay a while,

to disappear or change to something else.

It does not shift and alter in its form,

nor come and go and go and come again.

It stays exactly as it always was,

to be depended on in every need,

and trusted with a perfect trust in all

the seeming difficulties and the doubts

that the appearances the world presents engender.

They will merely blow away,

when truth corrects the errors in your mind.〔譯註〕

事實上，〈正文〉約有四分之一（第二十四到三十一章），〈學員練習手冊〉約有三分之二（第九十八課到第三百六十五課）以「五音抑揚格」寫成，這使得《課程》本身足以成為一部文學作品。最妙的是，在此書完成之前，海倫和比爾根本沒有意識到這一現象。肯尼斯認為，這一詩韻格

〔譯註〕此處所列即為本書作者派屈克特別標舉海倫原稿所呈現的「五音抑揚格」之格式。此段文字之中譯如下：真理一旦來臨，它不會只逗留片刻就消失了蹤影或轉變為他物。它永不變遷，也不改換形式，更不會時而出現、時而消失的。它始終都在它當在之處；有所求者可信賴它，因浮世表相而困惑疑慮者，也可安心託付於它。真理一旦修正了你心念上的錯誤，一切困惑便會隨風消散。（W-107.4）

律應是海倫潛意識的產物，因爲海倫平常的寫作風格是「斯巴達式的嚴謹扼要，尤其在寫作科學論文時更是如此。這和《課程》的詩意風格，恰恰是明顯對比；這種鬆散的文法結構通常會令海倫抓狂的」。

長達一千兩百頁的《奇蹟課程》原文，以富於詩韻的風格闡述了一套完整的靈性心理學，即使此書架構處處可見筆錄者的專業背景和文學素養，她本人卻拒之於千里之外。然而，此書不僅內容不受她的操控，就連文字風格也未必處處聽她的使喚，她說：「我想我最生氣的一點是，這本書和我的人生信念簡直南轅北轍！」

「通靈」通常涉及靈異現象，令人忍不住質疑，但海倫自述的「秘傳」經驗，說來更像是作家與藝術家創作時「靈感來了」那種感覺。許多作家都有過靈感泉湧的經驗，字句毫不費力地由心裡流瀉到紙上，這一靈感若幸運地持續一段時間，寫出來的長篇作品往往連作家本人也驚艷震懾，難以想像這竟是自己的手筆。十八世紀的詩畫家威廉‧布雷克（William Blake）寫他最長的一篇史詩《耶路撒冷》（*Jerusalem*）時，據說就處在類似的秘傳狀態，無需布局思索，信手拈來就是二三十行詩句。

《奇蹟課程》另一不尋常之處在於，筆錄者海倫並不承認自己即是秘傳訊息的來源。無論在筆錄期間，還是成書

之後，她從不覺得此書是她的作品。海倫在未出版的自傳
裡提到：「無法認同自己耗費大半生心力完成的作品，這
是多麼荒謬又痛苦的處境。」〔原註〕《課程》最原始的草稿
（*Urtext*）裡有不少她和此書作者的爭論，雖然這一部分在
正式出版前已經刪除，但書中仍不時反映海倫對《課程》訊
息頑強抗拒的蛛絲馬跡。她一方面忠實地記錄訊息，而她的
小我，「那不可能讓你如願的老師」，也從不放棄抗爭：

> 你可能會一口咬定，聖靈沒有答覆你的問題，但你
> 若夠聰明，不妨反省一下自己發問的心態。你的祈
> 求並非那麼單純。你其實害怕自己如願以償，而你
> 的確會如此的。為此之故，你才會鍥而不捨向那不
> 可能讓你如願的老師索求答覆。從他那兒，你永遠
> 搞不清自己究竟想要什麼，這反而給了你一種安全
> 假相。然而，安全只可能存在真相裡面，你在真相
> 之外是不可能感到安全的。你的本來真相才是你的
> 唯一保障。你的意願就是你的救恩，因為你的意願
> 與上主的旨意相同。所謂分裂，不過就是相信你的
> 意願與上主的旨意有所不同而已。（T-9.I.7）

總之，我們大可不必因為《奇蹟課程》的作者是聖人，
就認為它的文字必然神聖不可侵犯。反之，這部《課程》是

〔原註〕引自筆者所持有篇幅80頁的海倫・舒曼自傳私下流通版。

由一位二十世紀學者轉譯的跨時空深奧訊息，基於她對這一訊息的百般抗拒，反而使作品本身格外純淨。只要了解《奇蹟課程》和它的緣起，我們就會明白，即使海倫和助手的編輯對全書的風格確有影響，但此書的源頭絕非人類心力所能及。再者，倘若此書作者真是耶穌基督，也絕不是教會主日學所宣講的那位耶穌基督。

認識全新的天父、聖子與聖靈

對大多數新學員來說，「上主（天父）、聖子、聖靈」這些基督教用語，成了親近此書的一大障礙。正統基督徒讀此書時，會以為這三位就是負責審判、饒恕、指引墮落罪人的「聖三」；不可知論者或猶太教等教徒則會敬謝不敏，認定《奇蹟課程》只是一本不甚高明的偽經。但如果我們真正讀進去，便會發現《課程》的精神與《聖經》大異其趣，賦予聖三全新的意涵，可說是它與《聖經》分道揚鑣之始。

前頭提過，《課程》的表達，每每語出驚人，甚至直指上主只是「一種理念」，而非我們熟知的那個高居天堂、擁有統治宇宙無邊神力、對人間施予正義、憐惜弱者、懲罰惡人的「神」。《課程》的上主是涵藏於萬物之內、無所不在的創造意識，我們之所以看不見萬物背後生生不息的真相，

表示自己的眼光早已固著在事物的表相上頭。〈練習手冊〉第二十九課「上主在我所看到的萬物之內」便是教導學員如何將這個觀念應用於眼前所見的萬事萬物之上：

> 上主在這支衣架內。
>
> 上主在這本雜誌內。
>
> 上主在這隻手指內。
>
> 上主在這盞檯燈內。
>
> 上主在這具身體內。
>
> 上主在這扇門內。
>
> 上主在那個垃圾桶內。

課文還說：

> 此刻，你也許會發現這個觀念難以捉摸。你也許會覺得它很愚蠢、大不敬、毫無道理、相當滑稽，甚至根本站不住腳。就以你所看到的桌子爲例，上主總不會在那兒吧！然而，我們昨天已經強調過了，連一張桌子也享有整個宇宙的目的。凡是享有宇宙意義之物，也享有造物主的目的。(W-29.2)

這句「享有造物主的目的」，並不是說上主眞的造了桌子、垃圾桶、門和身體；正好相反，《課程》認爲整個物質世界是我們自己的傑作，是我們的知見出了大差錯，才使得世界儼然如眞。〈練習手冊〉第一百五十二課提到：

世界絕不是上主創造出來的。這一點我敢跟你保
證。祂怎麼可能知道這無常、有罪、害怕、痛苦、
孤獨的世界，還有那活在終歸一死的軀殼內的心
靈？你控訴祂神智不清，竟然造出這樣虛實難辨的
世界。然而，祂並沒有發瘋。說實話，只有瘋子才
會造出這樣的世界。（W-152.6:2~7）

要認識《奇蹟課程》的上主，並不需要恪遵十誡、每天
祈禱五次、行禮如儀地接受救贖，更不用取悅一位時時監視
我們、像聖誕老人一樣記下誰乖誰不乖的造物主。我們只需
看穿幻相的面紗，便能目睹上主真實的造化：

靜靜地坐下來，端詳一下眼前的世界，告訴自己：
「真實世界不是這樣的。它沒有什麼高樓大廈，沒
有供人獨行或獨居的街道。亦無供人終日採購並非
所需的商店。真實世界不需要人工照明，黑夜也從
不降臨。沒有日夜輪轉、陰晴交替。那兒沒有死
亡。只有永恆照耀的光明。」（T-13.VII.1）

所謂「永恆照耀的光明」，即是我們的生命真相，而這
一本質與上主基本上是等同的，這永恆照耀的光明就在我
們內，即使所有人生經驗都告訴我們不是這麼一回事。至
此，我們可以體會，文字全然無法精確傳達《課程》所說的
上主；正因文字只能描述具體事物，而上主卻是絕對而無限

的抽象空靈之境。反之，小我的幻相則顯得明確而具體。對
此，《課程》的解釋是這樣的：

> 人心自從分裂以後，其中一部分便開始具體化。具
> 體有形的那一部分會相信小我，因為小我正是靠此
> 具體性而存在的。小我所在的那一部分心靈，相信
> 你的存在只能靠「分裂」之說才能交代得清楚。
> （T-4.VII.1:3~5）

難道只因著分裂的妄想，從此人類便萬劫不復地流放於
上主的真實生命之外，再也回不了頭？〈教師指南〉第二十
六則「我們能夠與上主直接相通嗎？」對這個問題有一個明
確的答覆：

> 我們確實能夠與上主直接相通的，因為祂與聖子之
> 間原本就沒有任何隔閡。祂的覺知存於每個人的記
> 憶裡，祂的聖言銘刻在每個人的心上。然而，需先
> 清除真理道上的所有障礙，祂的覺知及記憶才可能
> 進入我們的認知領域。（M-26.1:1~3）

若想清除真理道上的障礙，《課程》提供了一項獨門秘
訣，就是寬恕自己眼前的世界。我們愈懂得寬恕，便愈容易
聽到聖靈殷殷的呼喚，那正是受小我恐懼驅使而四分五裂的
自我意識和上主無限的空靈之間僅存的一絲連繫。〈詞彙解
析〉如此定義「聖靈」：

本課程把聖靈描述成上主與其分裂兒女之間僅餘的
交流管道。爲了達成這一特殊任務，聖靈負有雙
重的任務。聖靈內有眞知（knowledge），因爲祂
是上主的一部分；但祂同時具備了世間的知見能力
（perception），因爲祂負有拯救人類的使命。祂
就是那偉大的修正原則，爲人類帶來了正知見，承
繼了基督慧見的大能。祂是光明，只有透過這一光
明，人們才看得見那已被寬恕的世界，只有透過這
一光明，人們才能看見基督聖容。祂絕不會忘記造
物主及其造化的。祂也不會忘記上主之子。祂絕不
會忘記你。祂在永恆的光輝中，爲你帶來了天父之
愛；那光輝永恆不滅，因爲是上主親自將它安置於
此的。

聖靈就住在你心內屬於基督之心的那一部分。祂同
時代表著你的自性與你的造物主，兩者其實是同
一生命。祂既與兩者同體，故能同時爲上主及你
發言。因此，也唯有祂能證明上主與聖子確實是同
一個生命。祂好似一種「聲音」，透過那一形式爲
你說出上主的聖言。祂又如一位領你穿越蠻荒漠土
的「嚮導」，因爲你確實需要那種形式的指引。爲
了答覆你心目中的種種需求，祂不惜化身爲任何形
式。祂不會被那些困擾你的子虛烏有的需求所蒙

蔽。祂就是要幫你由這些需求中解放出來的。祂就
是要保護你免受這類需求之苦的。（C-6.3,4）

可以說，上舉第二段引文為聖靈的本質提供了非常重要
的線索，表面上，它好似說聖靈會「答覆你心目中的所有需
求」，其實祂是在引導我們不受虛妄的需求所蒙蔽。剛入門
的奇蹟學員很難掌握這兩者之間的差異，但請記得，若說學
習聆聽聖靈指引是我們畢生的功課，這絲毫也不為過。舉例
來說，一般人都渴望聖靈助自己一臂之力，過得富裕、贏得
愛情、活得健康，因為我們打從骨子裡以為這是自己真正的
需求。

正因如此，存於我們心內的聖靈，乃是為了提醒你我仍
然擁有上主的超然生命的那一絲靈明，與眼下瞬間即逝的物
質生活全然無涉。我們心底真正要的，是由這無常之夢醒
來，領受自己的真實生命，而非在人間幻境活得如魚得水。
當然，另一方面，我們也犯不著以覺醒之名折騰自己。《課
程》說得很明白，我們經歷的滄桑都是自己的妄造，絕非上
主的旨意，更不是獲得救恩必須付出的代價。

只要假以時日，經驗多了，我們自會知道，聆聽聖靈的
指引還是能讓日子好過得多。不過，這絕非表示聖靈會神奇
地改善我們的物質生活，而是藉由祂的教導，我們不斷寬恕
自己坐困於這具肉身的窘境，無論順境或逆境，我們都能活

得更有耐心、更有力量，逐漸鬆脫物質世界的束縛，進而認出自己的靈性真相。久之，日常的現實需求不再那麼重要，心靈也會愈來愈記得自己是誰——「上主是愛，因此，我也是愛。」（W-171~180）

話說「長兄」

海倫一向不願意公開承認《課程》幕後作者的真實身分，在她未發表的自傳中，她以「那聲音」稱之。然而，作者的身分在《課程》的內文裡早已呼之欲出，尤其是下面列舉的三處：

其一：

> 若非門徒們自身充滿罪咎，他們絕不可能說我說過「我來不是為和平，而是帶刀劍」這句話的。這分明與我的教誨背道而馳。他們若真的了解我，也不可能把我對猶大的態度描寫成那副德行。我怎麼可能說出「你竟用親吻來負賣人子」這類話？因為我根本不相信別人可能背叛我的。

> 你若讀過門徒所傳的教誨的話，你會記得我親口告訴過他們，有許多事情要等到日後他們才會明白，

因為他們那時尚未完全準備好來跟隨我。(T-6.
I.15:2~5;16:1)

其二：

你的復活等於你的「再度覺醒」。我是「重生」的
楷模，所謂「重生」，不過是指你心中豁然明白了
自己原有的稟賦而已。那稟賦是上主親自安置於你
內的，因此永遠真實無比。我對此深信不疑，故能
接納它為我的生命真相。為了天國之故，請你幫我
將此真相教給我們的弟兄，但你自己必須先接納它
為你的真相才行，否則，你必會誤導別人。新約中
說我在橄欖山園祈禱時，見弟兄沉沉睡去而憤怒不
已，我怎麼可能生他們的氣？我知道自己是不可能
遭遺棄的。

我為了你以及自己的緣故，不惜以身示範，那在小
我眼中慘絕人寰的暴行，對我們一概毫無影響。
在世俗的判斷下（而非上主的真知），我曾遭人
背叛、遺棄、鞭撻、折磨，最後一命嗚呼。這顯然
都是別人投射在我身上的形象，因我那一生只知療
癒，不曾傷過一人。(T-6.I.7,9)

其三：

「除非經過我，誰也不能到父那裡去」，這句話並非表示我與你之間，除了時間之隔以外，還有任何不同或差別；何況時間根本就不存在。這句話只有在縱向關係（而非橫向關係）上頭才會顯出它的意義。我位於上主之下，你又位於我之下。在「上昇」的途徑中，我確實高你一層，若沒有我，天人的距離會遠得令你無從跨越。我一邊身為你的長兄，拉近了你與上主的距離，我一邊又身為上主之子，拉近了上主與你的距離。（T-1.II.4:1~5）

最後一處引文點出了《課程》與傳統基督教最大的分野，它說耶穌基督與我們之間「除了時間之隔以外，沒有任何不同或差別」。〈詞彙解析〉說得更直接：耶穌與所有人子與生俱來都是全然平等的，《奇蹟課程》常以「聖子奧體」一詞表達這一體平等性：

耶穌之名，是指曾有這樣一個人，他在所有弟兄身上看到基督聖容，而憶起了上主。他一旦與基督認同了，便不再是一個人，而與上主合一了。這個人本身是個幻相，因他看起來是個獨立自主的生命，孑然走在人間，活在一具身體內，那具身體也如所有的幻相一樣，將他的自我與自性隔離了。

他是基督嗎？是的，與你一起成了基督。他在世短

暫的生命不足以傾囊傳授他爲人類學會的偉大課
程。他會繼續陪伴著你,將你由自己所營造的地獄
領回上主那兒。(C-5.2:1~3;5:1~4)

換言之,《奇蹟課程》的「上主」,指的是萬物背後的
創造大能與大智慧;而「耶穌基督」曾經同爲人子,在看破
物質世界的無常幻相後,化爲集體心識內永恆不滅的那一部
分;「聖靈」則代表了介於我們狀似有限的心靈和上主無限
的意識之間的直觀連結。透過《課程》背後「那聲音」,基
督傳達了這整套的課程,一步一步幫我們活出聖靈的教導;
顯然地,在我們認出自己與上主本是一體之前,聖靈是不可
或缺的老師。

雖然《課程》把「上主、基督、聖靈」並列,好似各自
獨立的實體,但祂們其實都是存於我們心中的理念。在靈性
成長的路上,要選擇信靠哪一個理念,端視個人當時的狀
況,因爲說到究竟,這三個理念其實指向同一生命。同理,
我們的自我意識雖然也是一個理念,它卻足以讓我們意識不
到第九十五課所說的「我是一體自性,且與我的造物主一體
不分」的生命眞相。

《奇蹟課程》在本質上誠屬一部人生指南,它教我們選
擇究竟想要活出哪一種「理念」;它鍛鍊我們的心靈,讓我
們作出相稱於這一理念的選擇。既然我們習慣透過象徵才能

具體思考，《課程》便依我們的需求，立了名相和文字。但話說回來，《課程》的解說未必一目了然，它獨到的用字遣詞，從心理層次來講，更是別有用心。

故弄玄虛？

由於書中基督教詞彙一反傳統的用法，以及種種陽性的稱謂，初接觸《課程》的讀者很快就會心生反感。有好幾位女學員試過用「聖母」來取代「天父」，直到她們不再被這些用詞困擾為止。澳洲學員羅文哈根則另有體會：

> 我很快就越過了對《課程》陽性用詞的障礙，基督教會開始試用的「天父母、聖父母、她／他」這類稱謂反倒讓我覺得既笨拙又拗口；既然我們都是上主之子，同屬聖子奧體，還有什麼比這說法更具包容性的？

對大多數讀者來說，《課程》的文字本身才是更難跨越的障礙，尤以長達三十一章的〈正文〉最為深奧難解，比如以下這一段引文，可謂極盡曲折迂迴之能事〔譯註〕：

〔譯註〕中文譯本已為讀者疏通了不少關節。

你若相信你們是兩個不同的生命，天堂便在你眼前
四分五裂了。只有天賜予你的那道真理連結（而非
真理本身），能用你所了解的語言與你相通。天
父、聖子與聖靈乃是那唯一的生命，你與所有的弟
兄在真理內也屬於那唯一生命。基督和天父永遠無
法分離，這個基督只會住在了解這一真相的你內，
也就是已經接受天父旨意的那一部分的你。聖靈會
幫你把另一部分，也就是想要分裂、渴望不同又特
殊的那個小小瘋狂之念，與基督連結，向那原本一
體的你顯示一體的真相。這個世界雖然無法了解這
一點，幸好你還是可教之徒。（T-25.I.5）

即使當今公認最能掌握《課程》精髓的學者，如肯尼
斯‧霍布尼克，也認為《奇蹟課程》故意寫得這麼曲折，是
為了杜絕它的邏輯被小我思想體系所用。何況《課程》早
已擺明了，自己的思想體系與小我思維方式完全南轅北轍，
就是要存心顛覆「看似完全合乎邏輯但顯然瘋狂無比的」小
我，藉此打亂小我的慣性思維，故它一點也不打算以理性說
服讀者。〈練習手冊〉即以單刀直入的心理練習進行顛覆，
而〈正文〉則採用令人莫測高深的文學筆法，時而令人大感
不解，時而鼓舞人心，有時玄奧艱澀，令人發狂，有時又鐵
口直斷，令人無言以對。

一般認知中的「洗腦」，最關鍵的手法即是破解當事人

的信念體系，漸次瓦解他的自我防衛，同時逐步誘引他接受另一宗教信仰或政治體系，為某個神秘教主或組織效命。《奇蹟課程》也曾招致類似的批評，幸好它不過是一本書，既缺乏「洗腦」的關鍵因素——強大的組織、領導及嚴格操控的環境，也從不將一套教理強加於不願意或不知情的讀者身上。雖然有若干引人非議的狂熱組織和教師以《課程》作為號召，但絕大多數的學員都能依照自己的意願，決定要不要修這門課程。

　　《課程》的讀者群中，不乏見多識廣的高級知識份子，多半對宗教的期望幻滅之後，不約而同地選擇了這一深奧的靈修之路，這種因緣本身已堪稱一大奇蹟。他們無視於此書文字之艱澀，也不在意要研讀多年才可能探得箇中三昧。一般來說，奇蹟學員一旦接受了作者（耶穌基督）的威信和影響力，對這部書便從此「死心塌地」。

　　《課程》明確地告訴讀者，最究竟的權威是我們的「內在導師」——聖靈。只要我們鍥而不捨地練習寬恕，便能聽到祂的聲音。不過，所謂「內心指引」並不總是誠實無欺的，不少「聽見聲音」之人也常有偏頗或自欺欺人之論。我們會在下一章進一步探討「聆聽內在智慧之聲」。

重點摘要

首先必須重申，分辨訊息的形式與內涵，是了解《奇蹟課程》的關鍵。《課程》的形式披著繁複而富於詩意的文字外衣，這一風格基本上出於海倫的專業背景和文學偏好，包括她對莎翁作品的熱愛。

雖然傳遞《課程》內涵的「聲音」自稱為耶穌基督，並不表示我們該把此書奉若神明。《課程》毫不諱言，語言本身只是象徵，與真相有「雙重之隔」。為此，我們務必慎防將自己困於文字表相中。

《課程》借用人間的文字，將人導向超然的經驗，而不是強制讀者接受一套宗教信條。它徹底推翻了基督教「聖三」的傳統定義，主張聖父、聖子、聖靈是人類意識中根深柢固的理念，而非三個不同的「位格」。耶穌基督被視為全人類的「長兄」，與你我一樣同為上主之子，同屬聖子奧體。聖靈則是無限抽象的上主真知與看似分裂的人心之間的連結。

雖然此書的基督教用詞和大家長般的權威語氣，確實讓不少讀者望之卻步，但只要我們繼續研讀下去，慢

慢就能掌握它獨具一格的用字遣詞。事實上，穿越文字語言的迷障，往往是讀者化解小我抗拒、直探靈性泉源的第一步。

4 聆聽內在天音

你若無法聽見上主的天音，那是因你已決心不聆聽
之故。（T-4.IV.1:1）

2000 年時，我才一腳踏進舊金山的奇蹟課程大會現場，
就被一對夫婦認出來：「嘿！你就是那位記者，對吧？」

「嗯，我想是吧。」我不置可否，不曉得對方發現我是
「記者」之後會有何反應。

女士喊了出來：「喔，太好了！我們想跟你聊聊，我們
猜想你會是這群人裡頭最能了解我們想法的。」

「好，我盡力就是。」不知她在賣什麼關子。

「我要講的是耶穌啦。」女士講得飛快，幾乎喘不過氣
來：「我倆讀《課程》已經好一陣子，這本書寫得真好，徹
底改變了我們的人生，但我們實在無法相信這本書的作者是
耶穌。我相信你也有同樣的疑問：真的是歷史上那位耶穌基
督躲在海倫的腦袋裡口述整部書嗎？還是聰明過頭又有點瘋

狂的海倫自己編出來的，只是不敢承認而已？」

「嗯……」我真不知道哪一種說法比較貼近實情。

男士開口助陣：「拜託！耶穌已經死了兩千年！」

這下我忍不住大笑：「噓，你在這兒大放厥詞，可別害我們全被踢出會場！」

這段對話為我挑出了兩個議題，第一，即使不相信《課程》出自「另類」作者耶穌之手，不見得讀不出心得；就連不可知論或無神論者，也能穿越它的重重宗教語彙而讀出一些滋味。另一方面，相信耶穌基督是此書作者之人，也可能落入一般宗教信徒「真理盡在我內」那種自以為是的批判心態，雖然我認識的奇蹟學員多半屬於寬容之人，但不表示他們都已擺脫了人性的枷鎖。

說到究竟，《課程》並無意多爭取幾個「新耶穌」的支持者，它真正著重的，是喚醒本來就在我們心裡的內在導師，不論何時何地，祂都會給予我們可靠的靈性指引，不再仰賴戒律和教條的制約。《課程》將這樣的內在導師稱為聖靈，你也可以稱之為「大我」或「一點靈明自性」。無論你怎麼稱呼祂，要分辨這內在指引究竟是出於超越的智慧，還是小我的自保本能，並非易事。就算日夜鑽研《課程》，也絕非與上主連線的必然保證，更不是確保你不受妄想糾纏

的護身符。若想讓內在指引產生眞正的效用，首先要探討的是：爲什麼有這麼多人寧願尋求外在權威的指點，也不信任自己的常識？

宗教只是更超然的父母？

我的好友杰克・瓦特是位科學家，他正在寫的一本書，提出了一個論點：某些宗教情操不過反映出我們在追尋一個比親生父母更睿智、更值得託付的父母形象罷了。他認爲孩子對父母全然的信任必然會在青春期前後崩解，基於本能，有些人開始追求新的信仰、象徵或具體的宗教人物，取代父母在他內心的地位。

杰克的基本觀點是：追尋更好的「新父母」，是一種由生理驅使的反應——我們生來都渴望有一個「他人」能無條件地愛我們。他據之推測，這一與生俱來的渴求源自於誕生後立即建立「母嬰連結」的腦細胞。即使並非每個人都會去尋找這個愛的形象，在某些特定情境下，這種「對神的追尋」隨時可能被誘發出來。準此，杰克綜結他的科學論點：想要尋找一個神聖而永不犯錯的父母形象以取代原生父母，根本是不可能的事；人類必須認清這個事實才算成熟，爲此，人必須學會爲自己負責，以理性和實證的觀點，作爲行

動和抉擇的指標。

雖然如此，杰克並不排斥對神的信仰，他認為，即使信錯了，信仰本身仍是有益的：

> 痛失所愛、為疾病或暴行折騰的人，必會渴求撫慰、力量以及無條件的愛。如果他們心目中的神僅止於此，不附帶那些束縛人的過氣教條，不要求人奔走傳教，不限制自由，不寄望想像中的來世而貶抑此生……，說真的，我覺得這樣的信仰依然利大於弊。即使我深知他們心目中的神純屬錯覺，但這一錯覺確實具有相當的療效，而且很可能是這些人生活唯一的助緣。〔原註〕

我認為杰克提出了一個很有力的論點，他點出宗教追尋背後複雜的動機，又解釋了各門各派虔誠信徒違反常情的幼稚表現。想想，有多少宗教戰爭是為了證明「我的神比你的更偉大」？不論哪一種宗教的基本教義派，這種心態都相當明顯。

但從另一個角度來看，大多數宗教所奉行無私為善的倫

〔原註〕經作者杰克‧瓦特許可，引自他《為何上帝如此真實？試以科學角度解釋神在人心的存在》（暫譯）（*Why Does God Seem So Real? A Biological Explanation for the Sense of God's Presence*）一書進行中的手稿。

理教誨，通常比普通父母教育孩子的那一套高明許多。如果你在尋找心靈的慰藉或生活典範，具有崇高人格與智慧的耶穌基督應該不失爲取代一般父母角色的最佳人選。當然，這得看你如何解讀他的一生，又怎麼看待他的教誨了。

再者，人心需要道德指引，但純理性與科學在這方面幾無用武之地，就連當前最主流的達爾文演化學說，其「適者生存」的主張也難以解釋人類的同情心、同舟共濟和文化傳承等高尚情操。最新的研究甚至認爲，利他與合作精神對人類生存的貢獻絕不亞於競爭。然而科學本身並不足以提供這類道德指引，它的功能所在，僅限於建立及測試現實眞相的種種假說。

儘管「基督教智慧設計論」不斷提出種種異議，正統達爾文主義在略作修正後，仍是目前最爲學術界接受的人類演化理論。但話說回來，相信「個人的生命只是物競天擇這一巨大生存機制下，一顆渺小、效用短暫、可有可無的小螺絲釘」這樣的論點，並無法幫助我們在人間活得有意義，遑論活得心滿意足了。

即使科學方法對物質世界提供了相當卓越的成就，也催生了不少新科技，但是，一旦面對最究竟的宇宙和眞理問題，科學非但給不出鏗鏘有力的答覆，反而撩起更多令人茫然的疑問。我們可由美國航太總署戈達德太空飛行中心網站

〈宇宙是由什麼構成的？〉一文看出一些端倪：

> 明顯地，星系團內的物質比我們可見的銀河系及高
> 溫氣體還要多出五倍以上。這些星團內的物質多半
> 是不可見的，既然星系團是宇宙中靠重力維繫的最
> 大型存在結構，科學家乃據此推測：這個宇宙大多
> 數的物質也是不可見的。這些不可見的物質，稱之
> 為「暗物質」，現在科學家正試圖解析這些暗物質
> 究竟是什麼、如何形成的、有多少、對宇宙的未來
> 又有如何的影響。

也就是說，打從人類揚棄宗教的創世紀神話開始，數百
年來，科學家得到的結論竟是：構成宇宙的材料不僅是看不
見的，我們根本不知道那是什麼！量子物理學在上一個世紀
發現，這世界並不像表面看來那麼堅實、明確。這一發現與
我們的直覺簡直背道而馳，它的主張只有少數高等數學家能
夠理解，在我們習以為常的三度空間之外還有別的空間存
在。此外，愛因斯坦提出相對論之後，就連最基本的時空原
理也不再那麼清晰明白。當前尖端的物理研究告訴我們：時
空現象完全受制於人類極其有限的感知能力，並非一成不變
的客觀現象。這一結論，正好與《奇蹟課程》的觀點相互呼
應。（我們會在第六章〈孰真孰幻〉進一步討論這個觀念）

對於需要仰賴知識和線索來解開人生謎團的人，如果傳

統宗教不足以憑恃，科學所能提供的解答，就更顯得微乎其微了。我們當然可以借助科學探討生命和宇宙的問題，但想靠它來答覆人生難題、選擇朋友和伴侶、找一份有意義的工作，絕非明智之舉。大多數人若不是依止一套宗教或人文信仰，就只好閉上眼睛混日子。儘管如此，有些人還是會另闢蹊徑，由另一源頭找到人生方向。

內在聲音的歷史點滴

在人類歷史上，神秘的內在聲音對宗教、哲學、藝術，甚或政治領域的影響，遠遠超過你我的想像。羅傑·沃爾許（Roger Walsh）是一位資深奇蹟學員，在加州大學爾灣分校擔任心理治療暨哲學教授，他說：

> 明眼人都看得出來，《聖經》和《可蘭經》若干片段一定是通靈作品。不少猶太教神秘家的作品也是出自內在的靈音，另有許多印度和西藏的佛教經典也透過這種方式傳下來。在希臘，一代又一代的女祭司為太陽神阿波羅代言了九百年，留下了德爾菲神諭。

研究通靈現象的學者亞瑟·哈斯汀（Arthur Hastings）

在他的書《人與天使的語言／暫譯》（*With the Tongues of Men and Angels*）提到了對現代「數論」頗具貢獻的印度數學家拉瑪奴江（Srinivasa Ramanujan），自稱那些數學觀念是守護女神 Namagiri 在夢裡傳授的。近代著名的靈媒艾德格‧凱西（Edgar Cayce）在出神狀態口述了一萬六千篇文章。此外，北蘇格蘭的尋號角靈修社區（Findhorn community）的創始者也宣稱自己接收到掌管自然力量的守護神「天人」（devas）的訊息。

　　精神科醫師米契‧李斯特（Mitch Liester）專門研究能夠聽到內在聲音的人的心理狀態，他舉出不少受惠於內在聲音的名人，包括十二世紀德國的希德格（Hildegard）、十五世紀的法國民族英雄聖女貞德，以及二十世紀初期的美國意象派詩人艾美‧羅威爾（Amy Lowell）；就連當代心理學之父佛洛依德，一位極度強調科學理性思考之人，竟然也和內在聲音脫不了干係──「在那一段獨居異鄉的日子，那時我還年輕，我經常聽到一個充滿愛的聲音喚著我的名字」。人權領袖馬丁‧路德‧金恩也提過，內在有一個聲音陪伴他度過一次又一次的示威抗議、逮捕入獄及生命威脅──「孤獨的長日，鬱鬱的暗夜，我聽見心裡有個聲音說：『嗨，我會與你同在。』」

　　內在聲音顯然也改變了歷史。二次大戰德軍空襲倫敦期間，一次，英國首相邱吉爾正要上車，腦海裡突然響起了一

聲「停」。邱吉爾事後回憶說：「我想，這聲音好似要我從另一邊上車，換一邊坐，我就照做了。」沒多久，一顆炸彈在座車附近爆炸，幾乎把車給翻了。要是邱吉爾坐在他平常習慣的位置，很可能身負重傷，甚至危及性命。

這些故事並不能保證內在聲音總是照顧著人類的整體福祉。第一次世界大戰期間，有一個年輕士兵在戰壕裡和同袍用晚餐，聽到一個聲音要他「起來！到那裡去！」他不假思索，立刻抓起他用餐的錫罐，轉移陣地到二十碼外。

這名士兵後來回憶起這件事：「還好我照辦了。我原本待的位置突然閃光大作，發出震耳欲聾的聲響，一顆流彈就在那兒炸開來，坐在那兒的人全都死了。」這位士兵在他的戰鬥生涯十分信賴他視為「天佑」的內在聲音，他活了下來，成為二十世紀超重量級的人物，同時也是邱吉爾的死對頭，他就是阿道夫‧希特勒。〔原註〕

〔原註〕此一記載出自米契‧李斯特所撰〈內在聲音：超越與病態之別〉（*Inner Voices: Distinguishing Transcendent and Pathological Characteristics*）一文，〈超個人心理學期刊〉（*Journal of Transpersonal Psychology* 28,1.）

內在聲音真正的價值

內在聲音愈是懾服人心，其危險性就愈大。惡名昭彰的殺人狂「山姆之子」（Son of Sam）大衛・柏考維茲（David Berkowitz）自稱聽到心裡有個惡魔之聲要他殺人；從吉姆・瓊斯（Jim Jones）到大衛・克瑞須（David Koresh）之流的異端教主，也自稱聽到神的明確指示，要他帶領信徒集體自殺。此外，大多數精神分裂症患者都有幻聽的症狀，只是那聲音說的內容往往不怎麼高明。

米契・李斯特認為：「病態幻聽和超然天音的內涵截然不同，幻聽多半非常獨斷、苛求、吹毛求疵、批判性強；超然天音則充滿支持、鼓勵，給人希望。」他進一步分析，聽到這兩種內在之聲的心態，本質上也大不相同，長期接觸超然天音的意識「通常已進入超個人的意識層面，多少已經超越了個體的局限，他的自我認同不再僅限於小小的自己，而是與一個更大更廣的源頭連結。他們的時空感也不一樣，幻聽者常會忘記或混淆時間，而接收超然天音的人則超越了時間，他們知道時間的存在，卻不為時間所限。」

要特別一提的是，幻聽的內容多是負面的警示、凶兆，而非智慧指引。米契・李斯特對此的看法是：

超然天音是全觀的，它的認知不會偏執一方，反倒

有化解矛盾、統合歧異的能力。從神性的角度來看，人間沒有陰暗也沒有毀滅，神聖之音會引領我們超越生活的對立幻相，提昇我們看待萬事萬物的角度。

《課程》並未具體描述聖靈那種良性的內在聲音聽起來像什麼，只提到寧靜和篤定的心態會是聆聽聖靈之音的基礎，例如「願我靜下心來聆聽真理」（W-106）、「今天我要靜靜地接受上主之言」（W-125）、「除了上主的天音以外，願一切聲音都在我內沉寂下來」（W-254）。至於學員所經歷的內在聲音常因人因時而異，以下是奇蹟學員艾普洛‧沃登（April Walton）的親身經歷，她斷斷續續讀了幾年《課程》，直到人生驟變才開始認真投入：

> 結褵十一年的先生告訴我，這些年他在外頭一直有別的女人，不只一個，而且他又愛上了另一個。我沒再爭什麼，光是這些話，就夠把我推下谷底了。我跑去附近的峽谷，打算一把火燒掉《奇蹟課程》，覺得自己被它騙了。我心情很糟，在峽谷裡又哭又叫，把耶穌基督和這本書給罵了個夠。我擦了根火柴正要燒書時竟然聽到了《課程》所提的「聲音」！那不是一般的聲音，這聲音更清晰，更溫柔，更真實。我知道這聲音絕非我平常腦袋裡的自言自語，它的質地、力量完全超乎我所能想像，

絕不是我捏造得出來的。

我在峽谷和這聲音「吵」了整整四小時，但它從頭到尾沒跟我爭辯，只是靜靜的等著我。到最後，我整個人累癱了，這部《課程》卻好似活了過來，上主對我不再只是一個信仰，祂是真實的！祂真的存在。從那一天起，我的人生第一次感受到安心，死亦無憾。這聲音陪伴了我將近八個月，除了我先生之外，我沒向任何人提及此事。我想活得正常一點，但沒能如此。那一陣子我不太需要睡眠，每晚只睡三小時左右，也不太想吃東西，一個月就掉了三十磅，我從來沒覺得那麼舒服過。我也不太需要規畫什麼，每天早上我會問這聲音的意見，祂會給我指引。可以這麼說，那一陣子，我靠著上主的愛而活。

過去的創傷還有待療癒。我跟我先生說，如果他必須離開，就去吧，我無法活在謊言和虛假裡。我不再像以前那樣求他留下來，這次我請他自己決定他究竟要什麼。最後，他留下來，我們的關係又延續了兩年。我知道自己該怎麼做，不再輕舉妄動、縱容小我，我自會知道該說什麼與該做什麼，每天都靠奇蹟而活。在那種狀態下，我依然能為人母、為人妻，我只能說真是不可思議。

後來我愈來愈少聽到「聲音」，心裡開始發慌。有一天早上靜坐時，我在心裡問，為什麼一切都離我遠去？我究竟做錯了什麼？這聲音向我解釋，我已經收到了禮物，知道上主是真實存在的，耶穌也是真實的，現在我得靠自己的意志活出這些智慧。沒多久，我再也聽不到這聲音了。一開始，我確實有被遺棄的感覺，但還好，還有《課程》作我每天生活的指引。我像一般人一樣會哭也會笑，唯一的不同是我開始不斷尋找練習寬恕的機會，因為我深知這是我的人生目標。寬恕並不容易，每當我聽到剛接觸《課程》的人說他們多喜悅多幸福時，我就忍不住捧腹大笑……

艾普洛聽見或說感受到「聲音」，這類經驗在奇蹟學員中並不罕見，不過，也有許多學員和我一樣，從沒聽過「聲音」，而是自從研讀此書之後，感受到強烈的直覺、神秘的夢境或是難以言喻的巧合。我剛讀《課程》時病得很重，多半在半夢半醒之間晃悠著，即使如此，冥冥中仍有股強大的直覺，推動我發現療癒的契機，那是我本來不可能知道的。

有一次，我的狀況很糟，幾乎無法動彈，但卻又得出門採買日用品，採買完畢，我突然很想再走兩個路口到附近一家書店。以我當時的體力來說，那段路可不短。我並不知道去那裡做什麼，再說，我根本沒有瀏覽群書的力氣。但不知

怎麼的，一進書店，我走向心理叢書那一排，隨手拿起一本
《與夢幻身對話》（*Working with the Dreaming Body*），我
沒聽過作者阿諾‧米戴爾 （Arnold Mindell）的大名，這本
書看來和《奇蹟課程》無關，也與我的病毫無關聯，光看封
面也不知其所以然，我只是莫名其妙覺得非買這本書不可。
日後沒多久，我就發現這本書是讓我的身心逐漸從「慢性疲
勞症候群」康復的轉捩點。現在回想起來，冥冥中有一種護
祐，讓我到那裡發現我當時最需要的書，只是，我那時根本
意識不到這個護祐。可以說，在讀《課程》之前，我對這種
靈感是完全陌生的。

無需說得太玄，對我而言，《奇蹟課程》履行了它的承
諾：即使我沒有「聽到聲音」，但我確實愈來愈感受到內在
聲音的指引。這些指引未必如何戲劇化，也不見得那麼穩
定。我和大部分學員一樣，每天都有一些靈感、一些衝動，
但要區分「靈感」和「小我的自以為是」，並不是容易的
事。

大衛柏‧多樂（DavidPaul Doyle）說：「大多數人其
實分不清平日腦海裡聽慣了的各種聲音，和內在智慧之音
有何不同。」他和妻子甘蒂斯（Candace）受到《奇蹟課
程》的啟發，合寫《大愛之音／暫譯》（*The Voice for Love:
Accessing Your Inner Voice to Fulfill Your Life's Purpose*），開
設工作坊教人接觸內在的靈性指引。大衛柏的看法和米契‧

李斯特十分相近，他認為：「內在天音多半是慈愛而且接納的，提醒當事人用不同的角度看待問題，活出平安、體諒、寬恕、和諧的人際關係。」

大衛柏提到：

我們讓學員知道，內在聲音只有兩種，一是為愛代言，一是為恐懼發聲。大愛之音包括念頭、看事情的角度和愛的感受，例如慈悲、同情、理解、寬容、接納、一體或合一，幫人意識到自己本然的存在境界。恐懼之音則恰恰相反，它的念頭、角度或情緒只會加強當事人孤離分裂的感受，使人心中充滿批判、憤恨不平、哀傷、嫉妒、孤單。我們會教學員如何把愛推恩給內在的恐懼之音，消融痛苦的念頭和信念，最後心中只留下大愛之音。

我問大衛柏，是不是只有結婚、工作、信仰這類人生大事才可以請示內在聲音的指引？還是不分大小，連晚餐吃什麼、上哪兒找停車位這些瑣事也行？大衛柏給我的答覆是：

從我的諮商經驗看來，「每事問」通常是接觸內在心聲的過渡階段，日子久了，真理智慧的源頭自會與平日的覺識融合得更為緊密。最後，當事人在日常瑣事上只需追隨自心的感受，因為他們的心聲與內在天音已經合而為一了。

他的說法，正如《奇蹟課程》說的：

請聖靈爲你作決定，不過表示你願收下自己的合法
遺產罷了。這是否表示，你若未徵詢他的意見就不
該說任何話了？絕非如此！那樣就太不實際了，本
課程最重視的就是可行性。只要你能培養出「凡事
問，隨時問」的習慣，你便可放心，智慧必會在你
需要之刻降臨的。每天早上都這樣準備自己，整天
之中盡可能地憶起上主；只要環境許可，隨時祈求
聖靈的協助，睡前也記得感謝他的指引。你就會愈
來愈篤定而且充滿了信心。

不要忘了，聖靈所憑據的不是你的話。祂明白你內
心的呼求，且會答覆你的。（M-29.5:4~10; 6:1~2）

寬恕是聆聽內在天音的前提

二十五年前，當我開始讀《課程》時，最大的震撼是此
書幫我覺察到，原來自己腦袋裡最常播放的聲音，並非在鼓
勵我活出愛、同情與體諒，而是不斷叨叨唸唸，說這世界多
麼動盪詭譎、對我多麼不懷好意。我一向認爲自己是個好
人，盡量善待他人，甚至爲此而自覺高人一等，畢竟世人多

半只能顧及自己溫飽，根本不管別人的死活。

　　這樣的內心獨白與我的自我犧牲形象恰好「相得益彰」：我是好人，但這冷酷無情的世界不吃這一套，好人註定受苦，我最好招子放亮些，防備這荒謬世界的偷襲，避免無謂的懲罰。沒接觸《課程》之前，我從未意識到自己的思考只是一種「聲音」，我還以為世界真的如我想的那樣，而我只是實話實說，任何有腦袋的人都會同意我這天經地義的看法。而今，《課程》不僅幫我察覺到這個思考模式，更讓我看到自己怎麼塑造了眼前的現實。原來，我是聽小我的內在聲音長大的，那聲音充滿了懷疑、憎恨，還有一層隱隱約約的優越感。

　　即使走了二十五年的靈修療癒之路，我並不認為這種聲音已經遠離我的意識。這正是俗話說的，江山易改，本性難移。然而，每當這種聲音開始喧嘩，盤據了我的心時，我很快便會察覺到，也懂得如何讓它安靜下來，容許更深刻、更慈愛的心聲潤澤我的覺知、抉擇和行為。我相信，這就是《奇蹟課程》所說的聖靈之音。

　　我們必須先寬恕眼前的世界，化解看待世界的眼光，才可能聽到截然不同的內在天音。《課程》談的寬恕相當深刻，遠超過人們耳熟能詳的寬恕美德，因此，本書會以三章的篇幅深入淺出地討論寬恕的真義。下一章，我們會提出一

些寬恕初期的心得和眞實故事。

重點摘要

從科學的角度來看，人類由於渴望在撲朔迷離的世界活得安心，以致天生幼稚的心靈不能不追求某種完美智慧的指引，於是，各種宗教乃應運而生。此外，宗教之所以在人間久存不墜，多少是因為科學製造出的問題遠比它能回答的多，更何況人心對理想的需求，正是科學鞭長莫及之處。

綜觀人類歷史，無論何種宗教背景，都有人從玄秘的「內在聲音」獲得非比尋常的智慧與知識。但是，所謂的內在聲音也很可能只是幻聽。我們必須學習分辨超然天音與精神分裂症或小我之音，前者積極正面，充滿整合力量；後者孤獨對立，充滿破壞力量。

《奇蹟課程》認為，人人都能聆聽內在聖靈的智慧之音，它會明確地為我們指點迷津。有些人通過腦海中出現的「聲音」而體驗到聖靈的存在，有些人則是透過某種直覺或令人省思的巧合。無論是哪種形式，聖靈除

了針對日常生活的挑戰提出具體有效的答覆之外，祂會讓人對此生的目的更覺篤定。寬恕，則是開啟內在天音的關鍵。

第二篇

遠　眺

5 寬恕之始

> 這個世界迫切需要寬恕，只因這是個充滿幻相的世界。因此，寬恕的人就等於將自己由幻覺中釋放出來；凡是不肯寬恕的人，等於自願囚禁於幻境之中。只有你能定自己的罪，所以也只有你能寬恕自己。（W-46.1:3~5）

這段引文出自〈學員練習手冊〉第四十六課「上主是我得以寬恕的愛」，短短幾行就點出了《奇蹟課程》獨樹一格的寬恕宗旨，與其他宗教靈修的寬恕理念不可同日而語。它的寬恕法門較之於西方人所熟知的寬恕美德，多了一層靈性的慧見。簡而言之，想要了解《奇蹟課程》的寬恕妙法，必須先掌握三個重點：

- 寬恕之始，得先放下「有人傷害了我」的悲憤情緒，終究必須認清：其實是自己認定的幻相才會傷害自己。
- 寬恕不是赦免任何人的罪，因它奠基於超乎物質世界

之終極實相，你明白，在那實相中，根本沒有罪那一
回事。（W-259）

● 若想從時空、物質與死亡的虛幻世界脫身，寬恕是不
可或缺的必經途徑。

我們不妨深思片刻，這一寬恕妙法與我們熟知的寬恕美
德有多麼大的不同。對大多數人而言，寬恕乃是一種「犧
牲」；我們放掉的，不只是自己習以為常的苦痛和怨恨，那
些傷痛更代表了我們的過去及我們之所以為我們的標幟。如
果我們的性格烙滿了昔日的創傷，必會隨時啟動防禦及攻擊
機制，甚至還不知不覺承襲了文化種族的迫害記憶，那麼，
放下過去的痛苦和憤怒，不正是背叛了自己？對有些人而
言，一聽到「寬恕」二字，不啻於允許施虐、攻擊甚至種族
屠殺的暴行重演。準此而言，我們若視犧牲為一種高尚情
操，那麼，寬恕暴行的始作俑者，豈不是一著大大的險棋？

根據基督教的傳統，它的寬恕典範——耶穌基督就是犧
牲的最佳寫照。雖然基督教十分推崇寬恕的美德，它的救恩
卻要人自知罪孽深重，認清若不是神的愛子為了人類的「原
罪」而犧牲性命，人子哪有資格向神乞求悲憫和饒恕。

我小時候上衛理公會的主日學，就被這種犧牲式的救贖
觀搞得一頭霧水。首先，教會裡沒有人能夠解釋為什麼耶穌
的死可以「拯救」世人，他在十字架上送命和這世界的救恩

又有什麼關係？再說，如果我的得救竟然需要以別人的血為代價，誰能心安理得接受這樣的救贖？一般教育告訴我們，古阿茲特克人十分「野蠻」，因為他們犧牲人命以取悅神明。對照之下，我們的神明卻因人類犯了錯而責罰祂無瑕可指的愛子，令他飽受折磨，終至喪命，這豈不是更糟、更慘烈的榜樣？那時候我大概九歲，即使我知道這世上不是沒有壞人，但實在搞不清自己究竟做了什麼壞事。難不成，我們全是天生壞胚子？

最後一點，如果耶穌基督以自己的死為每個人換取救恩，那為什麼不接受耶穌作為救主的人就得下地獄？這樣的神可說是居心叵測，祂不斷以自己兒子的死操弄我們的內疚，讓我們死心塌地為基督教效忠。尤有甚者，這位神明縱容世間的不幸繼續發生，即使「已經得救」的基督徒也難免遭受疾病、離棄、死亡的折騰。不只如此，有些得救的基督徒仍然為非作歹，他們只要不斷請求神的寬恕就沒事了。諸如此類的矛盾，怎麼說都不對勁。

成年後，童年讓我困惑的信仰愈來愈像毒草。我不難看出犧牲概念為人間引發多少的痛苦不安，人們卻依舊視它為屹立不搖的美德。美國人不正是打著捍衛自由、平等、民主的旗幟，掀起了革命、南北戰爭、第二次世界大戰？這可是三次血淋淋的戰爭！我們不也認定那些效法耶穌救世情懷，為別人福祉而犧牲自己身家性命的人更高貴、更神聖？可在

同時，我們更是常為那些「無謂」的殺戮與犧牲而心痛不已。我開始懷疑，人類對犧牲的推崇一定出了什麼問題，但這觀念在我們心裡、在我們的文化意識中如此根深柢固，幾乎沒有質疑的餘地。

我過了而立之年遇上《奇蹟課程》，才有機會聽到截然不同的犧牲觀點，對！對！這才像耶穌講的話：

> 連上主都會為了救恩而親自迫害自己的聖子，這種可怕的妄見為宗教迫害提供了冠冕堂皇的「理由」。這種想法實在荒謬。雖然這一錯誤未必會比其他的錯誤更難修正，卻因許多人把這種妄見當作重要的自衛武器而把持不捨，使這個錯誤變得特別難以克服。舉個比較尋常的例子：父母在打小孩的時候，只要說：「打在兒身，痛在娘心。」便打得心安理得了。你真的相信我們的天父會作此想嗎？你必須徹底根除這類想法，絕對不能在心裡留下一點殘渣。我並不是因為「你壞」而「受罰」的。

> 上主從來不信因果報應那一套。那絕非天心的創造模式。祂不會抓著你的「惡行」，跟你過不去。祂怎麼可能為了你的「錯」來修理我？你必須認清這種假設是多麼的荒謬，而且把這一投射的來龍去脈看得一清二楚。（T-3.I.2:4~10;3:4~8）

純潔無罪的人會感恩於自己的解脫而釋放別人。他
們的所知所見都會維護自己的自由，使他們不受束
縛與死亡之害。打開你的心靈，接受改變吧！此
後，不論是你或是你弟兄，都不再受千古業報所苦
了。因上主說過，祂從不要求犧牲，故也無人能夠
犧牲。（T-31.III.7）

若人間沒有犧牲，也就沒有寬恕的必要了。然而，《課
程》的寬恕既不是為了幫人脫罪，也不是為了感化或拯救世
人，而是為了化解我們內心深植的犧牲信念。「打開你的心
靈，接受改變吧！」意味著我們願意放下所有的怨尤，不是
基於這是善行或美德，乃是因為這些怨尤將我們的意識囚禁
於這個物質世界，而這兒，根本不是我們的家鄉。

認清煩惱的源頭

如果我們真正徹底寬恕了，就能從此超脫凡俗紅塵嗎？
聽起來好似天方夜譚，但根據我的經驗，自從修習《課程》
的寬恕法門後，的確有愈來愈輕鬆的感覺，無論身心都不再
那麼容易受到外界的吸引或傷痛所牽制。每當我覺得世界
「太過沉重」，怨懟之心油然而生時，身體會感到更沉重，
容易生病，生活也百般不順。但只要我常記得練習寬恕，那

陣子便覺得比較健康，即使遭遇傷害或挫折，也不像從前那樣拖累我的生活、工作和人際關係了。

一開始，我當然不知道這世界是幻，更不明白世界無需寬恕，我只是依著〈練習手冊〉的指示，一課課接近寬恕。從第五課「我絕不是為了我所認定的理由而煩惱」開始，它要求我們反省勾起情緒起伏的各種念頭，並將當天的主題套用在每一種自認的起因上：

> 我不是為了我所認定的理由而氣＿＿＿＿＿＿＿。
> 我不是為了我所認定的理由而怕＿＿＿＿＿＿＿。
> 我不是為了我所認定的理由而擔心＿＿＿＿＿＿＿。
> 我不是為了我所認定的理由而傷心＿＿＿＿＿＿。

這一練習提醒學員切莫區分煩惱的大小，它鼓勵學員培養「沒有小煩惱這一回事。它對我心靈的平安所構成的騷擾都是一樣的」（W-5.4:3）的心態，平等看待所有煩惱。如果我們發現自己不情願將這一練習套用在某些事件，它建議我們不妨這樣想：

> 我不可能只保留這一個煩惱，而拋得開其他的煩惱。為了達到這些練習的目的，我要將它們一視同仁。（W-5.6:3~4）

《課程》從第五課開始，以潛移默化的方式，改變我們

意識的運作模式。這一課完全不探究自我覺察的具體內容，而要我們只去留意自己是怎麼產生這些想法和感受的。注意力一轉，我們才可能對內心的痛苦不安負起責任，不再理所當然地認為都是外界害我們心煩意亂的。

舉一個常見的小例子，有個莽撞司機突然超車，驚險切入前方，把你嚇了一大跳。任何人遇到這種事都會生氣，很難不批判這位冒失的駕駛或天下所有莽撞之人。但是，接下來每個人的反應各不相同，有人很快就能釋懷，也有人脾氣一發就沒完沒了，一路上焦躁不安，只要再遇上類似狀況，火爆脾氣馬上再度發作。正因這種危機看來再真實不過，你的動怒顯得合情合理，歸咎於那個魯莽的人便成了天經地義的事。

也因此，不論事件的輕重，《課程》都要求學員為自己的怒氣負起責任，例如「我絕不是為了我所認定的理由而對這起交通事故煩惱」，它要我們一視同仁地把這原則用在所有生活課題上。例如「我絕不是為了我所認定的理由而對離婚感到沮喪」、「我絕不是為了我所認定的理由而對朋友離世哀痛」。情緒愈是強烈，我們往往愈容易歸咎於外界。因之，《課程》不厭其煩再三叮嚀，所有的煩惱都始於自己的心，唯有在此下手，才可能真正根除煩惱。

第六課的練習，則為學員揭露了心靈傷害自己的慣用手

法：「我煩惱，是因為我看到了根本不存在的事物。」第七課進一步指出痛苦的根源：「我所看到的只是過去的經驗。」並在第一段重申前六課的要點，闡明《課程》的時間觀念和寬恕法門的關係：

> 這個觀念乍聽之下令人特別難以置信。然而，它卻是先前所有觀點的理論基礎。
>
> 正因如此，你所看到的一切都不具任何意義。
>
> 正因如此，你所看到的一切，對你所具的意義，完全是你自己賦予的。
>
> 正因如此，你並不了解你所看到的任何事物。
>
> 正因如此，你的想法不具任何意義；也正因如此，它們才呈現出你所看到的模樣。
>
> 正因如此，你絕不是為了你所認定的理由而煩惱。
>
> 正因如此，你才會因為看到了根本不存在的事物而煩惱。

一點一滴化解過去

如前所說，我開始讀《課程》時已經病了好幾個月，症狀千奇百怪，把我折騰得死去活來。醫生啟動了各式檢驗和

藥物，仍是摸不清我究竟得了什麼病，最後，我不得不跨出第一步——向心理醫師求助。但一想到我母親就是在這個年紀開始看精神科而從此淹沒在各種精神科藥物當中，我就非常猶豫，我一點也不想步上她的後塵。

　　為期九週的治療裡，我重新面對童年時期喜怒無常的母親、無能為力的父親，長期蟄伏的憤怒一次次浮上心頭。雖然醫生開了輕效鎮靜劑，多少能緩解我因久病而生的焦慮，但再怎麼用藥，一翻出經年累積的怒氣，焦慮仍不時發作，恐懼仍一樣伴隨而來，胃部劇痛，夜裡又常驚醒，簡直不知伊於胡底。在這次嘗試性的心理治療接近尾聲時，我已開始接觸《課程》，也嘗試把「我絕不是為了我所認定的理由而煩惱」的觀念套用在自己身上。

　　有天夜裡，我反覆由噩夢驚醒，有那麼一個片刻，我突然領悟到這場病好似一種無明的糾纏，那裡頭不僅僅有兒時到青少年的痛苦記憶，好像還有一些難以言喻的陰沉記憶，而那根本不是「我的」。

　　有生以來，我第一次感到母親不再只是那個蓄意傷我、冷漠無情的女人，她僅僅是莫名承載了連她自己都不明白的苦痛，身不由己地傷害了別人。下半夜，我伏案好幾個小時，為她寫了這首詩：

不　眠

——寫給母親

許久以來，妳的心門好似塞爆的行李箱，
衣物珠寶、陳舊的洋娃娃、手錶、柺杖，
以及先靈留下的貝殼飾物，
在妳內灑了一地。
妳還沒能開口說話，靈魂即已覆蓋了無盡的哀戚，
誰知道，輓歌竟是妳最早聽到的搖籃曲。
不幸的逝者何其無情，
透過人間子孫的雙眼，
窺看隧道盡頭的餘光。
沒人告訴妳，那是誰的聲音，他們為何在妳耳邊呻
吟，這許多苦痛和恐懼；
沒人告訴妳，已逝的人也需要聆聽，才能被寬恕，
才得以自由。

這些幽靈被妳的力量和獨立吸引，
爭先恐後湧入妳破碎的心，
一如洪水氾濫，河堤潰決。
他們奪回衣物珠寶，信手穿戴於身，
他們推擠、碰撞、搶奪，妝點自己悲慘的生命。
這些絕望的靈魂寄生於妳內，
以種種偽裝纏住妳，

是無法安息的他們，

偷走妳的睡眠，

已非一朝一夕。

妳知道，他們以為我也是門戶洞開之人，

在我的胃裡，在我的夢中，開死亡派對。

夜裡驚醒時，我認出他們，

不是他們的臉孔和名字，

而是他們的真相，他們的苦痛——

有的餓死，有的出生時已沒了呼吸，

猶如翻倒在地的蠵龜，力圖翻身卻欲振乏力，

將驚恐的母親妳那淒厲吶喊消音。

有的被害，有的慘遭踐踏，

一脈相承的憤怒，令父親凌虐自己的兒女。

我認得這麼一個家族，就像所有的人類族裔，

他們帶著苦難的歷史，

不可言說的憧憬。

在妳臉上，我認出了他們的渴慕。

我願為他們帶來安息，

但請他們別再竊取活人的睡眠。

我是詩人，敘事者，

為他們的主人道出心聲，

我願榮耀他們。

但，我要他們永遠安息。

這首詩寫得我膽戰心驚，隨字句湧出的魅影如幻似真，就連無緣親見的故人、前所未聞的往事竟也一一活靈活現。我終於明白，這些陰暗的畫面是母親無意識間傳給我的，她要對抗的不只是她心裡的魔魅，還有她的父母、祖父母、更早遠的先祖們。

我不禁懷疑，是不是有憂鬱傾向的人，大多如我一樣也陷入了家族的歷史魅影而無法自拔。這些創傷即使深深埋在個人的意識底層，仍會代代相傳，禍及子孫，而這類無意識的傳遞可能為害更烈。以我母親來說，雖然精神科醫師始終無法釐清她小時候是否長期遭受性侵，但是在為她寫下這首詩的時刻，我感覺到自己正在揭露許多不可告人的秘密，不只她的，還包括她的先人。

這首詩寫到最後，原本凝滯在我體內的緊繃、哀愁和傷痛似乎也消散了大半，之前我甚至一點也意識不到這些情緒的存在。回想起來，我確信這些負面能量產生的壓力是導致我免疫失調的元凶，沒有錯，正是這些暗潮洶湧的情緒擊垮了我。直到寫這首詩為止，我根本不知道自己竟然被那些早已不存在的事件所困，而且那麼嚴重！

寫到最後，連我自己也對詩的結局感到驚訝。現在的

我，當然明白那是我在詩裡為自己的平安負起責任的一種方式。正如《課程》說的，所有的不安都源自過去。在我認出並說得出口之前，這些煩惱早已存在心中，即使我當時未曾意識得到，但我確實已經在為人類共有的苦難歷史犧牲了自己的健康和幸福。能寫出這首詩，讓我看見我一直不自覺地扮演犧牲者的角色，至此，唯一明智的抉擇，就是中止這齣受害者的戲碼。

我希望讀者別誤會，以為光是寫一首有療效的詩，就能完全寬恕過去並釋放所有的痛苦。我只是說，寫這首詩算是我早期讀《課程》、練習寬恕所得的高峰經驗之一，從此，我的病情和人際關係日漸好轉。當時我母親看過這首詩，也覺得我道出了她心中很深的感受，甚至告訴我，她在重鬱發作期間偶爾也會感受到糾纏著她的念頭其實不是她自己的。此後，我和她的關係大為改善，幾年後我寫了第一本談寬恕的書，就是獻給她的。她七十六歲時，於睡夢中安然逝世。想到她這一生飽受情緒折騰，自殺多次，我不免這麼想：是不是我學習寬恕的過程起了一些作用，讓她能心甘情願放下人間的執著而安心離去。

我不敢說自己如今已經完全擺脫家族記憶的「作祟」，但我能肯定地說，若非練習這一寬恕法門，我是絕對不可能掙脫過往的糾纏的；而且，若非《課程》指出一條明路，我這一病也絕對不只七年，而人際關係的愛恨情仇會如何愈演

愈烈，更是不敢想像。我並不知道是否能在此生完全化解自己的過去，畢竟，徹底寬恕是一條漫長而艱辛的路。

然而，一旦開始走上寬恕之路，我們便會活得愈來愈真實，活出本然的原創力，不再受昔日創傷的無明驅使。這種寬恕不是由寬恕別人的過失開始，而是由一個看似簡單的挑戰下手，認清「我絕不是為了我所認定的理由而煩惱」。

重點摘要

《奇蹟課程》以寬恕為主軸，手法卻非比尋常。它之所以強調寬恕，並非在替對方卸責，而是因為這能幫助寬恕者掙脫時空幻相的桎梏。西方讀者對這類觀念會感到相當陌生而抗拒，一來因為耶穌犧牲於十字架上的寬恕形象早已深入人心，再者，《課程》雖以歷史上的耶穌基督身分發言，卻如此徹頭徹尾地推翻了傳統基督教的犧牲信念。

綜上所言，《課程》從〈練習手冊〉第五課「我絕不是為了我所認定的理由而煩惱」開始，為寬恕奠定了理論的基礎，它不讓讀者在煩惱的具體對象上頭打轉，

只設法扭轉他的思維模式，為自己的想法負起責任，藉之帶來深度的療癒。在療癒過程中，當事人必須放下自己對過去的執著，認出這正是煩惱的根源。由於大多數人早已把過去的經歷視為自己的歷史，甚至等同於自己的存在；為此，《課程》痛下針砭，透過寬恕來轉化或提昇人格，戒除我們老愛自討苦吃的癮頭。

6 孰真孰幻

真理實相與你所認為的現實真相也毫無相通之處。
你視為自己的真實想法和你真正的想法之間，毫無
雷同之處。你認為自己所看到的和慧見顯示給你的
真相之間，也無雷同之處。（W-45.1:3~5）

1973年夏天，我在大學校刊擔任記者，正熱切關注二十
世紀最大的政治醜聞——水門案。主持聽證會的資深參議員
薩姆‧歐文是我的北卡老鄉，我和校刊編輯早在幾星期前就
和他約定了訪談時間，為此還專程前往華盛頓特區。不料，
在我們抵達前一天（7月16日），案情急轉直下，我們的訪
談眼看要落空了。

接待訪客的秘書或許是同情這兩個在參議員辦公室外坐
立難安的長髮瘦皮猴，不斷承諾我倆：「看我能不能幫上
忙。」突然來了一個電話，她專注聽著，杏眼圓睜，興奮
地抓起筆寫了兩張通行證，一掛電話，要我們馬上到聽證室
去：「有大事要發生了！你們不會想錯過的。」我倆拔腿衝

出大門，往大廳一路狂奔。

趕到聽證室時裡頭已擠滿了人，我們出示通行證，要求坐到前方媒體席的位子。警衛毫不買帳，硬把我們推往聽證室後方。若不是後來看了當晚的電視新聞，我們還不知道自己今天見證了多麼重要的一刻。總之，我們恰好來得及聽到白宮副幕僚長亞歷山大・巴特菲爾德的證詞，他證實了所有尼克森的白宮談話都有錄音，尼克森後來就是為此不得不下台一鞠躬的。

雖然我們沒有機會發佈這則新聞（反正校刊在暑假停刊），我卻被那天聽證室裡的氛圍給迷住了。那兩個邋遢的菜鳥記者沒比我倆大幾歲，光靠筆桿就讓全世界最有權力的領袖垮台。想到可以這麼改變世界，我的血液整個兒沸騰起來。正邪之戰已經開打！只要一本筆記、誓言發掘真相的決心，弱小的大衛也能戰勝邪惡的巨人歌利亞〔譯註〕！我已經準備好了，這世界絕不會只有尼克森一個壞蛋，總要有人拯救世界的。

幾年後，我搬到加州，為一個環保遊說團體工作，後來又轉戰舊金山另一家前衛的週刊，然而，凡事非查個水落石出不可的熱情，沒多久就被澆熄了。我心寒地發現，所謂的

〔譯註〕典出《舊約・撒母耳記上》，描繪以色列王大衛在孩童時代的英勇事蹟。

「自由派」，對內鬥的興致絕不亞於和反對陣營對抗。看來，拯救世界沒我想的那麼簡單。

　　另一個麻煩是，我不怎麼喜歡我那些記者同行。我參加過無數記者會，看多了有酗酒習性的記者，即使這是眾所周知之事，但只要身臨其境，我仍感到十分倒胃口。我共事過的記者多半相當神經質，而新聞工作只會讓情況雪上加霜。搶在截稿前搞定頭條，非但需要鉅細靡遺的查證工夫，還得兵不厭詐地和消息來源鬥智，凡此，都足以壓垮在第一線奮戰的記者。目睹這一切，我意識到自己的心理穩定度要面對搶新聞的長期壓力，還差了一大截。

　　最讓我不安的是，當我發現新聞業的最高指導原則「發掘真相」的立足點竟是如此薄弱，不禁讓我汗涔涔了。實際上，每天要追查哪些新聞、追得多深入，全看媒體老闆的政治立場。我雖然贊同他們所推動的政治理念和社會改革，但也察覺到，真正的社會變革不可能不深究人性衝突的根源。我更清楚地看到，無論左派、右派還是主流派媒體，他們只熱中於派系理念的鬥爭，很少記者會回過頭質疑自己所堅持的立場。

　　換句話說，當時我的心志所在，早已遠遠超過這些職業浮表了，我不想為扳倒某個欺世盜名的政客耗上我的黃金年華，也不願為了反駁不認同的政治理念而長年案牘勞形。每

個記者都想揪出害群之馬，但永遠有新的惡棍取而代之。我真正想探討的是——究竟是什麼腐化了人性？也就是說，我若想改變這世界，就得從人性與生俱來的衝突和痛苦根源下手。我開始懷疑真正的挑戰不在於拆穿政客的謊言或佔盡論戰的上風，而是找出一個從根本化解一切衝突的方法。我那時完全沒有意識到，外頭政治對立陣營之間永不止息的鬥爭，其實正是我內心永無休止的戰事之寫照。

到了 1980 初期，我終於辭掉新聞工作，在廣告業待了一年後決心自立門戶，成為接案的平面設計師，兼職寫作。當時，我相信自己早晚會以獨立記者的身分闖出一點名堂。回想二十幾歲時的我，那個充滿懷疑精神、凡事政治至上的寫手，作夢都沒想到日後竟然是在靈性的動力下重返新聞界。他若看到我現在的座右銘，恐怕更是吃驚：除了我們不完美的知見之外，其實沒有「世界」需要我們拯救。

拆穿終極陰謀

「世界根本就不存在！」這句驚人之語出自〈練習手冊〉第一百三十二課：

世界根本就不存在！這是本課程一直想要傳達的中

心思想。這觀念不是每一個人都能即刻接受的，他
在眞理道上肯接受多少指引，他就會進步多少。他
仍會不時後退幾步，而後再向前推進幾步，有時還
會退轉好一陣子，才會再度回心轉意。

（W-132.6:2~5）

當我接觸到這個激進的觀點之際，正在絕境裡苦苦掙
扎，無論是身體狀況、在這世界的定位、各種小我的心態，
一一都崩盤了。原本我認定是別有居心的惡人把世界搞得烏
煙瘴氣，如今這一論點已經無法立足了，再加上我自己活得
不成人樣，而這又完全怪不了別人，總不可能是我把自己整
成這副德行吧！

這一切，難道是我咎由自取的？

《奇蹟課程》與心理學的基本歧異乃是：心理學所認定
爲「自己」的「我」，《課程》稱之爲「小我」，它不僅是
錯覺，而且完全不屬於我們的眞實心靈：

小我會利用身體來暗算你的心靈，因爲小我明白你
這「敵人」萬一識破小我和身體並非你的一部分，
它們的命運就此告終了，因此它們必須聯手，先下
手爲強。只要深思一下這種邏輯，沒有比它更荒謬
的觀念了。虛妄不實的小我，千方百計想要說服眞
實無比的心靈承認自身只是小我的一項學習工具而

已，還要它相信身體比心靈更爲眞實。任何具有正
見者都不可能相信這種説詞的，事實上，也沒有一
個正見之士眞正相信過它。（T-6.IV.5）

我們早已習慣把自己視爲「自我」（ego），幾乎忘了這
是十九世紀才誕生的新觀念。現代心理學之父佛洛依德指
出，我們以爲的「自己」其實是三種心理動力交互消長的綜
合產物：

- **本我**（id）：潛藏於意識之下的動物本能衝動，尤其是
  性驅力。
- **自我**（ego）：當事人意識得到的個人身分。
- **超我**（superego）：道德的監督力量，負責調解本我與
  自我製造的內心衝突，因兩者不斷爭奪心理與行爲的
  主控權。

《課程》的筆錄者海倫是佛洛依德的忠實追隨者，她
「秘傳」的資料會如此熱中於小我的運作模式，當然不足爲
奇。儘管《課程》借用了佛洛依德的詞彙，結論卻截然不
同。《課程》的「小我」一詞雖然和佛氏的「自我」使用同
一個字ego，指的卻是一種虛幻的自我感，它由心靈那兒盜
取了一種朝不保夕的存在。佛洛依德視身體爲「本我」這個
麻煩製造者的巢穴，引發各種不文明的本能衝動，必須仰賴
「超我」的介入，才能讓「自我」活得像個人樣、符合社會

的期望。《課程》則認為「小我」才是真正的麻煩製造者，身體只是它的傑作，讓我們不能不相信自己是個體生命，註定要忍受孤獨、痛苦、疾病和死亡的折磨。這一招確實管用，生而為人，我們無一不中了它的計。

請記得，《奇蹟課程》對存在的觀點是：我們的真實心靈並非禁錮於大腦或身體內的個體意識，而是源自於超越時空、徹底抽象、普世皆同的神之意識，也就是「愛」。我們在人間的經驗深受褊狹的自我概念所限，無從理解那徹底抽象的心靈真相。儘管如此，《課程》卻堅稱那才是我們的真實根源：

> 心靈的本來境界，是徹底抽象的。如今，它有一部分已經違背了自己的本性。不再視萬物為一體。它只能看見整體中支離破碎的片段，為此，它才可能打造出你眼前這個支離破碎的世界。它的「看」，不過是讓你看到自己想要看的東西而已。它的「聽」，也只是讓你的心聽到它想要聽到的聲音罷了。（W-161.2）

《課程》認為，心靈的本來境界先於我們的個體意識而存在，而這一本來境界即是所謂的「造化」。當我們處於《課程》所說的「正念之心」時，會明白自己就是此一天心，別無其他可能。正如〈練習手冊〉反覆說的「上主

是愛，因此，我也是愛」（W-171~180），第九十五課也說：「我是一體自性，且與我的造物主一體不分，也與造化的每一部分共為一體，且具有無限的能力與平安。」《課程》設計這整套的修心法門，正是為了幫助我們擺脫個體意識的錯覺，回歸與上主一體的本來境界。

可是，誘我們入彀的「人我有別」之錯覺，不僅在我們心識裡紮了根，更幻化出眼前這個有時空、有物質、充滿一具具身體的三千大千世界，讓我們身不由己地與它們認同；更何況，小我還千方百計不讓我們意識到這一錯覺的成因。可以說，《課程》對潛意識運作的看法迴異於佛洛依德：

> 身體是小我親自選擇的居所。唯有與身體認同，小我才有安全可言，因為身體的不堪一擊，是它證明你不可能來自上主的最好證據。因此小我才會不遺餘力地擁護這一信念。然而，小我又不能不痛恨身體，因為它認為身體不配作為它的居所。這是心靈最感茫然無措之處。小我一邊告訴自己，我是身體的一部分，身體是我的保護者；一邊又告訴自己，身體無法保護我。於是心靈不能不問：「那麼我應向哪兒尋求保護才對？」小我會回答說：「投奔於我吧！」心靈會理直氣壯地反駁：小我一直強調自己和身體原是一物，求助於它的保護又有何用？小我對此質問啞口無言，因為它確實無言以對；但

小我還有它最拿手的一招。它乾脆把這問題由人心
的意識中徹底抹去。問題一旦被小我剔除於意識之
外，人心只會感到一股無名的焦慮，但既然連反
問的餘地都沒有，便也永無獲得解答的機會了。
（T-4.V.4）

小我的第一步就是將我們對上主的覺識壓到潛意識裡，
不過，這裡的上主並非監管我們存活的慈悲或嚴厲的神明，
而是指我們自己的心靈。我們一旦忘懷自己的真實身分和實
相，便只能任憑小我宰割。弔詭的是，正因小我誤以為自己
不再是圓滿天心的一部分，且還飽受遺棄、疏離甚至死亡的
折騰，必然為此而恐懼不安，痛恨自己生命毫無保障。為
此，它給自己找到一條出路，發明了一個賞罰分明的神，能
將我們由這混亂與苦難的世界拯救出來；唯一要忌諱的是，
千萬別觸犯了天條，否則永世不得翻身。這樣的小我當然擺
脫不了焦慮的宿命，《奇蹟課程》為我們點出，小我如何高
明地掩蓋了它自造焦慮的事實。

原來人類心靈是這麼無所不用其極地排斥自己本有的平
安和真知的！第一次從《課程》見識到這個真相時，我並沒
有神奇地「量子跳躍」，進入純然抽象永恆的神性意識，了
悟自己心靈原是上主天心的一部分。說實話，我那時根本不
懂它在說什麼。但是，依循著〈練習手冊〉每天練習寬恕，
一點一滴放掉過去的思考慣性，昔日的自我也逐漸鬆動了。

回想起來，這一改變有如在潛意識海底深處的緩速地震，波動不會那麼快傳到海面，卻微妙地從根源重組了我的心識。

　　直至今天，心識的重整過程未曾稍歇。對我而言，最重要的改變，在於我的心愈來愈篤定，無論這有限的時空世界發生任何事，我知道真正的自己是完全不受影響、安全無虞的。真正的我並不是我這個人或這具肉身，而是一股恆常的能量和覺識，就像地層下的伏流，在我熟悉的自我概念下汨汨流動，永不止息。真要形諸筆墨，不妨這樣說：這股能量既寧靜又省力，它的愛既是無條件，又不偏私，這是我能夠體會到的《課程》所形容的抽象上主。

　　雖然我用「抽象」一詞來描述，但上主意識並非頭腦的理解，而是一種感受得到的體驗。是的，對我而言，這股「上主的流動」是絕對真實的感受，不是靠思想或推理而來的。我每天愈是感受到祂在我內心深處的流動，祂神聖的臨在感就變得愈深也愈強。眼前的世界依然熙熙攘攘，但已不復苦澀尖銳。我不再認為這世界是不是被哪個惡棍或狂人搞得烏煙瘴氣，也不再為自己此刻的無能或不足而自責。

　　光是感受到內心深不可測的愛，我的日子就好過多了。這愛不受我個體經驗所限，為我的現實生活提供了全新的立足點，這是我讀《課程》之前全然陌生的境界！以前我認為愛不過是瞬間即逝、身不由己的情感發作，不然就是一種倫

理美德，但《課程》讓我明白了，愛是我生命的本然，也是上主的生命實相。

神經生理學家可能認為，「對上主的覺受」僅僅是腦部一連串複雜的生化反應，終將隨肉體死亡而消逝。也許吧，但我無法以一個「我不存在時才能進行」的實驗來證實或反駁這個說法。無論如何，這也無損於我當前「上主是愛」的體驗。我猜想，肉體死亡之後，我這個「人」或說「小我」也將灰飛煙滅，倘若意識屆時還存在，必然是「非我」的抽象意識，與現在正在思考、寫作的「我」毫不相干。對我的小我意識而言，肉體的死亡就是它的終點，壓根兒沒得商量。然而，如果《課程》的論點是對的，我目前體會到的上主意識就會一直存在，因為它是不受時空局限的。

我相信在這個靈性指標下，我不再那麼擔心死亡，或設法阻擋死亡到來，我的能量只會集中在此時此刻所作的抉擇及反應。以前，為了生存，為了改善世界，老是拼命要戰勝惡人層出不窮的陰險伎倆；如今，我寧願活在目前這種「源源不絕」的愛中。面對紛亂不安的世界，我的慈心逐漸增長，不再處處質疑，愈來愈能作出安心且務實的決定。這並不是說，我的生活從此一帆風順或再也沒有恐懼作祟，我只是不再讓恐懼心態操控我的生活而已。

我愈來愈懂得選擇愛作為言行的出發點，不再那麼認

同小我了，往昔，它只會讓我爲了自保而疲於奔命。我還記得，沒接觸《課程》之前，我的心態一直是在壓力下運作的，一遇上狀況就發慌，不斷逼問自己：「現在該怎麼辦？」而事實上，這種防衛性的思維不可能帶給我一貫而可靠的反應，難怪我常常事後懊悔不已。現在的我，遇到挑戰便會問問自己：「『愛』會要我怎麼做？」這一問，內心頓時安靜下來，我會更有耐心，相信自己無論如何決定、如何反應都會有更好的結果，與年輕時受小我驅使的自己相比，完全不可同日而語。

我對世界的看法得以轉變，並非宗教的感化，我並沒有因爲「信了神」而改變作風。如果所謂的「神」指的是一個創造世界、高居天上、審判人類的神明，我寧願繼續當個無神論者。我絕不相信那樣的神，那不過是人類小我心態的投射，它將自己膨脹成眼前萬物的創造者。與我深入《課程》之前的生活相比，此刻，我終於感受到無條件的愛，而這愛的源頭，有時我會稱之爲「神」。

這些經驗聽起來很美妙，然而，小我是不會輕易認輸的，它絕不會鬆口承認自己「不存在」；也因此，通往這一全新心識的道路，可說充滿了質疑、混亂，甚至可能引發極大的恐懼。

不敢往內看

雖然《課程》不曾提及宗教的起源，但我們不難推測出，所有宗教都是人類為了恢復神性意識而發軔的，因為小我始終無法將終極根源從我們心裡消除殆盡。即使我們堅信自己只是有限而且終將一死的存在，不得不奮力延續這岌岌可危的生命，但我們仍隱隱約約感覺到，還有另一種存在的形式，不受威脅，永恆不朽，而且充滿喜樂。

堅持科學理性的人或許認為這種渴望不過是人類的奇想，虔誠的教徒則往往堅信這種完美狀態只存在於遙不可及的天國，於是終其一生循規蹈矩，一心一意爭取入場資格。每個宗教都有各自的天國入場規則，某一宗教的信徒可能會悲憫（甚至積極勸導）另一宗教的信徒——他們信錯了教！

事實上，人間宗教發展出的繁文縟節、儀式禁忌和龐大組織，完全是小我依據自己那問題叢生的形相所投射出的神明而來的，必然製造出更多讓人「感受不到愛的那些障礙」（T-in.1:7）。其中，最大的障礙莫過於「罪」的觀念了，基督宗教對此著墨尤深，但《課程》徹底摒棄這一觀念，認為那只是小我存心折磨自己、鞭笞自己而幻想出來的：

> 聖靈絕不會告訴你，你是罪孽深重的。祂只會修正錯誤，而這實在沒什麼好怕的。你真正怕的是往自

己心裡去看，你深恐看到自己一直以為埋藏在那兒
的罪。這一點你倒是不怕承認。小我把恐懼和罪之
間的連結視為天經地義的事，它還會微笑著讚許
你。它一點都不怕讓你感到羞慚。它毫不懷疑你對
罪的信念和信仰。因為它的廟堂並不會因此動搖。
你對罪的信仰，最多只證明了你很想在那兒看到罪
的存在。這充其量也只能算是構成恐懼的遠因而
已。（T-21.IV.1）

根據《課程》的說法，小我之所以死命抓住罪咎心態不
放，完全是為了引開心靈的注意力，讓我們再也意識不到涵
容一切、無形無相、圓滿無缺的神性實相（請見下一章「罪
咎的吸引力」一節）。這樣的神若是真的，標榜個體性的小
我又豈有存在的餘地！它必然深恐自己就此消融於神性的一
體心識：

小我殘暴地統治著這個王國。它命你守住這一粒塵
沙，與宇宙為敵。你若懂得欣賞心靈的整體，便不
難看出，你心靈中微不足道的那一部分，有如太陽
的一線微光，又如海面的一絲漣漪。這一線微光開
始自命為太陽，那小得難以辨識的漣漪竟自詡為海
洋，真是狂傲得不可思議。想一想，你那微不足道
的念頭，小得不能再小的幻覺，把自己與宇宙對立
起來，它怎能不感到孤獨害怕？因著它自己想要吞

併太陽的企圖，太陽成了它的天敵；海洋好似也恐嚇著小小的漣漪，隨時要將它吞併。

然而，太陽和海洋作夢都想不到居然有這般怪誕而荒謬的反應。它們只是依然故我，渾然不知自己內在極小的一部分竟會害怕且痛恨它們。縱然如此，那一部分也絕不會失去太陽與海洋的，因為它一離開了母體，根本無法生存下去。它的整個存在完全依賴那一母體，不論它作何感想，都無法改變這一事實。它的整個生命依舊留在母體內。沒有太陽，陽光便消失了蹤影；沒有了海洋的漣漪，更是令人無從想像。（T-18.VIII.3,4）

小我「小得不能再小的」幻相，全繫於這個由時空、物質、個體性所構成的娑婆世界。小我為世界訂立的一套規矩和儀式，似乎各有存在的理由與目的，其實它們對人間的痛苦及死亡根本束手無策：

你眼前的世界其實相當不仁，它變化不定、殘酷無情、對你漠不關心、因果不爽且處處與你為敵。它的給予都是有代價的，凡是你珍惜的，它都會索回。你找不到持久的愛，因為世間沒有這種愛。這個在時間中形成的世界，遲早會在時間中結束。（W-129.2:3~6）

眼前的世界之所以顯得不仁，是因為我們認定自己即是身體，而且完全與形體世界認同，苦難與死亡自然勢所不免。簡而言之，凡是人類想得出來的罪，都和身體的作為脫不了關係。佛洛依德提出「享樂原則」，認為人類具有避苦求樂的本能，它是讓嬰兒尚未成熟的自我意識得以存活的主要驅力；年歲漸長之後，另一「現實原則」會隨之啟動，我們開始學習克制享樂的欲望，忍受一些痛苦，試圖符合社會所要求的道德標準，藉以立足社會。《課程》則再度以它獨特的形上觀點，將佛洛依德這兩大原則推到另一極致：

> 你若想從身體尋求快樂，所找到的必是痛苦。了解兩者的連帶關係是你學習的關鍵，因為小我一向以此來證明你是有罪的。其實痛苦並不是上天的懲罰，而是你與身體認同的必然結果，純粹咎由自取。因與身體認同等於邀請恐懼作為你的人生指標。罪咎的魅力必然接踵而至，因此，不論恐懼慫恿身體做什麼，都會是件苦差事。它承受了所有幻相之苦；即便是肉體的快感，也會變得與痛苦一樣虛幻。

> 這是註定的結局。身體在它主人發佈的恐懼指令下，不得不追逐罪咎，只因整個幻相世界就是靠主人對罪咎的留戀而維繫下去的。痛苦的魅力即在於此。身體在此知見的控制下，不惜充當痛苦的僕

役，把「痛苦與快感是同一回事」的觀念奉為圭臬，恪盡職守地自討苦吃。就是這個觀念迫使小我在身體上孤注一擲的。小我設法隱瞞你痛苦與快感之間瘋狂愚昧的關聯，且趁機坐大。它告訴你肉體的快樂才是幸福所在，卻悄悄地對自己說：「那其實是死亡。」(T-19.IV.二.12,13)

請留意，《課程》在此故意將「你」與「小我」分開，小我純粹是受恐懼驅動的心聲，不斷與我們殘留心中的神性意識鬥爭，企圖奪取意識的主控權。小我在這一戰事裡祭出的終極武器，就是我們深深認同的身體；非但你我所感受到的快感或苦痛全都集結於此，它也成了罪與咎的寄身之處。然而，我們一旦往內看清「這看似真實不過的身體存在只是一個幻相」，不可能不感到驚駭無比。《課程》很清楚這一了悟對我們的挑戰，為此，它提醒我們要有耐心：

瓦解小我的思想體系，在人的眼中必是一件苦差事，但事實絕非如此。當你奪去嬰兒手中的刀剪時，他必會大哭大鬧；可是若不如此，他很可能會傷及自己。由此比喻可知，你仍是一個嬰兒。你絲毫不懂真正保護自己之道，你自以為需要之物，對你的傷害可能最大。然而，不論你目前是否真正明白這一道理，至少你已同意與我合作了，朝著「不傷人」、「多助人」的方向努力，這兩種心理素質

必須齊頭並進才行。縱然如此，你的心態仍會衝突迭起，因為它畢竟還是以小我為基礎。但這一狀態不會持續太久。你只需耐心堅持一下，隨時提醒自己，最後的結局會與上主本身一般屹立不搖的。（T-4.II.5）

這不可能的事怎麼發生的？

《課程》認為我們真實的心靈與上主一體無別，這一神性是一股無限而且不朽的力量，與這時空物質世界的「現實」毫無關聯。那麼，我們眼前的幻相世界究竟來自何處，又何以如此逼真？《課程》給了一個「繞圈子」的答案，令人無言以對——這世界是幻相，根本不曾存在過。它在「導言」裡說得不能再清楚了：「凡是不真實的，根本不存在。」我們若借用夢中經驗便不難了解：這世界之所以儼然如真，是因為我們已經陷入了一個漫長又逼真的「清醒之夢」。

夢，證明了你有能力打造自己想要的世界；而且，你想要什麼，就能看到什麼。當你看到它時，絲毫不懷疑它的真實性。這個分明出自你內心的世界，如今好似赫然屹立於外。你跟它互動時，絕不會認

為那是你自己製造出來的東西，更意識不到夢中表露的情緒其實都是你自己的情緒。外表看來，是夢中人物及他們的所作所為架構出你的夢境。殊不知他們是你打造來為自己傳達心聲的：你一旦看清這一點，就不會怪罪他們了，夢境給你的虛幻滿足也會隨之消失。夢裡的人物一點都不曖昧。當你「好似」醒過來，夢裡的種種頓時消失得無影無蹤。但你未必意識到，自己當初作出此夢的原因並沒有隨著夢境一併消失。你想要打造一個虛幻世界的願望仍不時在心中作祟。你好似醒過來的那個世界，其實只是你夢中世界的另一翻版而已。你一生的光陰都耗在夢中。睡時的夢也好，醒時的夢也罷，不同的只是形式而已，內涵則毫無差別。它們代表的都是你對真相的抗議，也就是你自以為能改變真相的那個牢不可拔的瘋狂念頭。在你醒時的夢中，特殊關係扮演了特殊的角色。你企圖藉此關係把自己睡中之夢演得像真的一樣。你至今尚未從這夢裡醒來。你寧願死守幻相世界，絕不讓自己清醒的決心在特殊關係中一覽無遺。只要你對夢境的珍惜超過覺醒的渴望，你是不會輕易放棄特殊關係的。

(T-18.II.5)

正如我們無法向夢中人說明，夢境不過是他自造的幻

相，《課程》也不認為光靠解釋就能將我們從朝夕浸淫的幻夢裡喚醒。它給了我們一個覺醒的無上法門：寬恕所見、所聞以及所經驗的一切。它強調，透過寬恕，我們方能聽到內在的聖靈之聲，逐漸以無限的愛與百害不侵的力量，取代疑懼不安的小我防禦措施。《課程》再次借用「喚醒孩子」的比喻，描述化解小我驚懼世界之夢的過程：

> 你若不想驚嚇孩子，只需輕輕在耳邊這樣喚醒他們：「天已亮了，黑夜過去了。」還有什麼比這更慈祥的方式？你不用費盡口舌地為他們解釋說，那可怕的夢魘不是真的，因為孩子特別相信神奇鬼怪的故事。你只需撫慰他們：他們現在已經安全了。然後慢慢訓練他們分辨睡夢與清醒的不同，使他們了解夢魘沒有什麼好怕的。如此，當噩夢再現時，他們自己就會呼求光明來驅除夢魘了。（T-6.V.2）

儘管如此，從幻相覺醒的過程並非直線前進，也沒有明確的次第可循。即使釋放了一些恐懼和自傷傾向，這類感人的經驗並不足以保證我們從此就能倖免於小我慣有的孤離心態和危機意識，我們仍會汲汲證明某個寶貝幻相比其他幻相更為真實。我們若殫精竭慮，試圖了解這無明亂世如何運轉，究竟是神在操縱還是出自什麼宇宙法則，我們總會找到自己想要的答案的。宗教或科學提供了大量理論，解答世界這個無窮的謎團，終究說來，從來沒有一套能令人滿意的完

整答覆。因為，小我只會提出問題，卻從來不敢挑戰自己存在的前提：

> 小我會問，「這不可能的事怎麼發生的？」「這不可能的事又產生了什麼後果？」它以各種形式提出類似的問題。這是無法作答的，只能靠體驗。把你的精力放在體驗上吧！不要再被神學思考耽誤了。（C-in.4:3~5）

「頑固而持久的錯覺」

著名的物理學家愛因斯坦，在1955年慰問一位痛失親人的朋友時，寫下這段傳頌後世的話：

> 他先我一步離開這個陌生的世界，但這不代表什麼。身為物理學的信徒，我們深知過去、現在與未來的分野，不過是一個頑固而持久的錯覺。

不消說，愛因斯坦提出的時間觀，要到半個世紀之後才為學界廣泛接受。可想而知的，有朝一日，倘若大部分的人也都能理解這一觀念，屆時，人類的科學、社會、經濟，以及種種的價值觀，乃至於人類所建構的自我概念，都將全面改觀，有如一場驚天動地的大革命。

　　實際上，自愛因斯坦之後，物理學頂尖的量子力學領域進展極快，幾乎全盤推翻了傳統的物質世界理論。當今物理界全力投入亞原子層次的研究，學者已經普遍接受全新的時空觀，認為時間和空間本身並非不可變易的實體現象，而是一種人類用以梳理日常經驗的心理架構。也就是說，時空並不獨立於我們的知見能力之外；我們所認為的存在，不過是對廣大真相的驚鴻一瞥而已。

　　這些研究還告訴我們，在亞原子的層次，「物質」是由不同形式、頻率的能量所組成，依我們觀察方式的不同，而展現粒子或波的特質。2008年11月《新科學家》雜誌的一篇專題報導這麼描述亞原子層次的物質觀：「物質的存在基礎相當薄弱，物理學家已經確知，即使看似最堅實的物體，也不過是量子真空的一種波動。」這篇文章接著說，如果近期於瑞士日內瓦啟用的大強子對撞機證實了希格斯玻色子（有「上帝粒子」之稱）的存在，「這意味著所有現實都是虛擬的」。

　　所謂「虛擬」，通常是指「實際上不存在，卻能發揮作用」；在物理學，它專指「只能由彼此之交互作用而推論出其存在的粒子」。如果所有的現實都是虛擬的，那麼，所謂的「現實」，充其量只是我們由觀察而得出的推論，並非「可供客觀量化的真實」。

順理成章地，我們可以將這門科學的最新研究成果套用在周邊世界，那種世界觀必然愈來愈貼合《奇蹟課程》的形上理念：我們每天所經歷的「現實」，完全是我們的知見觀察推論而得的產物。我們觀察到的首要對象即能量，也就是感官覺知的光明，《課程》曾以詩意的筆觸如是描述：「只有永恆照耀的光明。」（T-13.VII.1:7）

不過，倘若我們感受不到自己是「永恆照耀的光明」，就算這一觀念有科學理論的支持，又有何用？讀了二十五年的《奇蹟課程》，我充分了解，《課程》由心靈源頭切入人類現實問題，可說是解除人類痛苦最單純也最務實的手法了。我們自認已脫離宇宙無限的能量源頭，註定要承受以自我為中心必然引發的孤離感，受盡身心的折磨，最後還難逃一死，這就是人類對自己最深重、最鉅大的詛咒。唯有逐漸捨棄這種自我局限的知見，我們才可能意識到，自己非但無法與光明本體分離，而且還是它不可或缺的一部分：

> 當你放眼望去，你會看見一道弧形的金光，隨著你的視線，超越身體之上，超越了星辰與太陽，超越你眼前似曾相識的一切，逐漸拓展為一道燦爛偉大的光環。那道圓環在你眼前光明燦爛。環的邊界逐漸消褪，再也攔不住環內的光明。光明開始向外延伸，須臾也無間歇地籠罩了整個天地萬物，延伸至無窮無盡。萬物在它內完美地交融為一體。你無法

想像任何東西可能置身其外，因這光明無所不在。

在此慧見裡，你也會憶起自己的真相。你雖是慧見
的一部分，卻擁有慧見所有的內涵，你終將結合於
整個慧見裡，整個慧見也會結合於你內。接納這個
慧見吧，它必會讓你看到真相而不再著眼於身體。
（T-21.I.8,9:3~4）

藉由這個全新的角度，我們開始了解自己所經驗到的
「自我」和「身體」，其實就如「海面的一絲漣漪」那樣虛
幻不實。「無我」的修持絕不是道德責任，更非宗教戒律，
而是接納實相後的必然結果。我們會在下一章談到，不再認
同「非真之物」時可能遭遇到的具體困難，以及撤銷這認同
之後的甜美報償。

重點摘要

我們每天經驗到的「現實世界」，並非經得起評估
的客觀現實，它只是我們每個人有限知見的產物。我們
對世界都有自己的一套觀點，認為這世界是怎麼一回
事，它哪裡出了錯，又該如何修補它。但根據《奇蹟課

程》，我們每天所感知的世界不只不完美，它根本虛幻不實。這儼然如真的現實世界，其實是我們內在充滿恐懼的那一部分心靈（也就是小我）為了繼續存在而編造的一場夢，夢裡有時間、空間、物質、你我的身體，造得再逼真不過了。小我自以為能逃離造物主無限的愛，它選擇與上主對立，然後又害怕為此罪過而遭到天譴。

但是，《課程》一再重申，罪是不可能存在的，因為我們不可能真的與上主天心（徹底抽象的實相）分離決裂，只因看似真實的分裂，其實從未發生過。透過寬恕，我們逐步學習放下那充滿自我懲罰的有限知見，一點一點學會區分真假虛實，漸而由小我痛苦的噩夢中醒來。

值得矚目的是，當代物理學與《課程》不謀而合，一致認為時間和空間不過是人為的思考架構，物質也僅僅是不同形式的能量聚合而成。再者，從亞原子層次來看，物理現實只是演繹出來的結果，並非客觀量化的真實。《課程》的觀點最終能否為科學所驗證，於今而言，仍屬未知，但它最可貴之處在於務實的修持方法：若要解除生存的痛苦，我們就必須戒掉自己對小我有限知見的癮頭。

7 解除小我的桎梏

> 小我為了自保，可說無所不用其極，它的種種本事
> 都是出自小我一直想要否定的心靈能力。這表示，
> 小我攻擊的竟是自己的保身之道，它怎麼可能不因
> 此而焦慮不安？為此之故，小我從不想釐清自己究
> 竟在做什麼。雖然它的邏輯瘋狂失常，卻說得理直
> 氣壯。（T-7.VI.3:1~4）

　　許多學員在操練〈學員練習手冊〉的三百六十五課之
餘，迫不及待想搞通厚厚的〈正文〉，但很快就如墮五里
霧中。這本書不但文筆千迴百轉，還從心理學借來 ego（小
我）一詞，用意所在，無非是要破除我們視若珍寶的自我形
象和個人認同。再仔細讀下去就會發現，這本藍皮書實在迥
異於一般勵志書籍，既不教人提昇自尊，也不指點致富秘
訣、愛情指南、職場升遷等等的「成功」之道。

　　相反地，《課程》要我們看清，我們認定自己是獨立個
體的那種「自我感」，不只是根深柢固的錯覺，它其實還是

讓我們受苦受難、難逃一死的始作俑者；而且，愈想鞏固這
個自我感，就愈會讓痛苦雪上加霜。但是，正因小我深受不
安全感所苦，不可能不想把自己變強一點，於是產生如此扭
曲而矛盾的「自我」界定，不斷向我們耳提面命：我們生來
就孤獨，帶著一顆血肉之心和獨一無二的滄桑；我們不可能
完全「自給自足」；要想活得正常，必得仰賴其他眾生。

在此前提下，我們辛苦一生，只為了維繫這困在身體內
的自我認同，不斷向外索求肯定和支持，從我們的父母和原
生家庭開始，接著向朋友、戀人、伴侶，甚至向孩子索求。
此外，我們也向這社會博取認可，不只要一份工作，還要有
專業成就，最好能飛黃騰達。就是這些成就和人際關係，神
奇地帶給我們所渴望的力量和被愛感受，這些神秘的能量和
感受似乎成了我們是安全的、被接納的保證，而且，要是能
永遠如此，該有多好！

可惜，我們往往為愛的捉摸不定、三心兩意、飄渺短暫
所苦，故《課程》鐵口直斷說，小我對愛的追求從一開始就
註定會失敗：

> 小我一口咬定愛是危險的，這是它一直想要教給你
> 的核心觀念。但它從不直截了當地講；反之，凡是
> 把小我當作救命恩人的人，看起來都在如饑似渴地
> 尋求愛。小我也積極鼓勵你努力追求愛，卻附帶一

個條件：不准找到。「去找，但不要找到」是小我
的一貫指令。這是小我給你的唯一許諾，也是它必
會實現的許諾。小我追逐目標時一向狂熱而堅持，
縱使它的判斷能力嚴重受損，卻有鍥而不捨的精
神。

因此，小我致力追尋的目標註定會失敗。只因它要
你相信它才是真實的你，因此，它領你踏上的旅程
必會害你咎由自取。小我無法愛，它狂熱追求的正
是它最怕找到之物。然而小我又不能不追尋，因為
它是你心靈的一部分，為此，它無法完全與心靈脫
節，否則你絕不會相信它的。小我是因著你對它的
信心而得以存活的。那麼，你的心靈必然也能否定
它的存在；只要你敢正視一下小我為你精心策畫的
旅程，便會毫不遲疑否定它的。（T-12.IV.1,2）

　　任何墜入愛河的人都不免黯然發現，看似完美的天作之
合，怎麼會逐漸被嫉妒、失落與背叛一點一滴侵蝕甚至肢
解。只要有過這種經驗，不難意識到小我是如何暗地裡抵
制愛的。事實上，《課程》認為「特殊關係」就是小我終其
一生的自保戰爭中最利害的武器。我們會在下一章探討這一
主題。目前我們只需牢記一點：小我心目中的愛絕對離不開
「犧牲」。

　　舉例來說，我們通常相信捨己為人的犧牲是人間最偉大的愛，比如母親為了照料孩子而放棄職業生涯，或士兵為了拯救同袍而奮不顧身撲向手榴彈。一般人多半認為最崇高的愛必然要毀滅或否定自己（的小我或身體），然而，從《課程》的角度來看，犧牲正是不折不扣反映出小我神智失常的另一明證：

　　犧牲的觀念在你的思想體系裡如此根深柢固，無需犧牲的救恩對你反而顯得無何價值。你嚴重混淆了犧牲與愛，根本想像不出那種無需犧牲的愛。這才是你必須深思的問題：犧牲不是愛，它是一種攻擊手段。只要你能接受這個觀念，你對愛的恐懼就會煙消雲散。犧牲的觀念一旦消除，罪咎便無立足之地。因為犧牲的觀念影射出必得有人付出代價，他人才會從中得利。那麼隨之而來的只有一個問題：該付多高代價？可得多少利益？

　　於是，上主變得十分可怕，在你心目中，上主之愛所要求的犧牲其大無比。因為全然的愛勢必要求全面的犧牲。相形之下，小我的要求好像小得多了；兩害相權取其輕的話，小我算是客氣的了；縱然它有時令你害怕，但另一個卻可能毀掉你。愛在你眼中一旦帶有殺傷力，你不能不追究清楚：該向誰下手？你自己？還是別人？（T-15.X.5:7~13;7:1~4）

這兩段話絕不是要我們不計代價地只求自保，對他人的需求、脆弱、求助之聲充耳不聞。其實，無論自保或犧牲都不足以解決小我的複雜困境。我們必須不再執著於自己的個體性，不再視自己為裹在脆弱身體裡的私密心靈，註定孑然一身走向死亡的結局。一味否定小我與身體的需求，未必是真正的「無我」，很可能是一種犧牲，反倒強化了小我的幻相；同樣地，只為自己而活，無視於他人的需要或求助，也極其可能是另一種維繫小我的伎倆。究竟該活得自私或高尚，並不是我們真正的選擇，只因兩者都可能淪為小我所用。救恩最大的挑戰就在於認清我們與神、與愛原是一體的生命，如此，才不至於落入小我炫人眼目的種種陷阱，也才是真正脫離小我束縛的不二法門。

罪咎的吸引力

前一章提過，「罪」實乃小我最大的錯覺。環視古今中外，「罪」非但深入基督教文化的核心，即使不信教的人也多半自覺罪孽深重，面目可憎。「罪」的觀念在西方世界根深柢固到什麼程度，說來十分驚人。根據語言學家的考證，古英語的 sinn（罪），意義即 guilty（罪咎），其字根源自印歐語系的 es，也就是 is（存在）；由此可見，罪的觀念與

西方人的「存在感」和「身分認同」，根本是密不可分的。再看基督徒口口聲聲說「我們都是罪人」，更是可見一斑。

然而，學者也發現，早期的聖經版本談到「罪」時，曾用過希臘文的hamartia一字，意思是「偏離目標」。這種說法把「罪」看成一種「錯誤」，只是錯用了無效的方法，並非對神明或世人犯了什麼滔天大罪。毋寧說，這種看法更接近《課程》的觀點：「罪」不過是一個荒謬的念頭，只是小我誤以為人心會偏離目標到不可饒恕的地步。《課程》並不否認世間有目共睹的嚴重問題，但它指出：只要我們認清這個世界並非究竟實相，那麼，所有表相上的錯誤、缺陷和失敗都是可以修正的。事實上，我們一直在上主懷抱裡，與真實無限的大愛從未分離片刻，無論我們在這裡做了什麼，都不可能與實相分離，更不可能犯下褻瀆神明的重罪：

> 犯罪，表示你不只冒犯了真相，並且詭計得逞。罪，等於聲明攻擊確實發生了，你理當為此感到罪咎。它認定上主之子真的犯了罪，必然喪失了純潔本性，就這樣，上主之子把自己轉變為另一個與上主創造初衷截然不同的生命。由此證明上主的創造絕不可能是千古不易的，祂的旨意也會遭人抵制而挫敗。罪是一個極大的幻相，凸顯出小我所有的傲慢與自大。它好似改造了上主，使祂不再圓滿無缺。（T-19.II.2:2~7）

傳統觀念的「罪」往往披著秘密的外衣，人們不敢公開承認自己的任意妄為和過犯，不只深恐東窗事發後千夫所指的恥辱，更害怕賞罰分明的神不會放過自己。我們把自己的秘密生活當成真實人生，隨時得挺身捍衛連自己都難以啟齒的秘密，免得讓他人發現自己竟然這麼卑鄙無價值，早晚要墮入地獄接受永恆的懲罰。即使不吃傳統宗教那一套的人，一樣害怕隱私曝光，受他人與社會的鄙視，成天活得戚戚惶惶，寵辱皆驚。

從《課程》的觀點來看，小我的一切造作猶如皮影戲，以千百種方式演出「罪」的觀念，攪得我們心思混亂，再也記不得愛是我們的「天賦產業」。小我代表了我們相信自己真的背離了愛的那部分心靈，它深信我們既已觸怒神明，必會落入萬劫不復的孤絕慘境。就算我們表面上不怕天譴，照樣會感到自己早已與無條件的愛絕緣，因此才不得不四處向人乞討愛的祝福。可以確定的是，在這好似言之成理卻瘋狂至極的思想體系裡，罪咎對人類顯然比愛更有吸引力：

> 有什麼祕密瞞得過上主的旨意？你卻相信自己確有不可告人之祕。你的祕密不過是想在上主旨意之外保留一些私心而已。理性會告訴你，這稱不上什麼祕密，你不用把它當成罪咎一般遮遮掩掩的。但它確實是一個錯誤。切莫因為你對罪的恐懼而使這錯誤不得修正，因罪咎必會引發恐懼。不論恐懼化身

爲什麼形式，它根本是你自己發明的一種情緒。這種説不出口的情緒，出自你的私念，屬於身體層次。這種情緒與愛背道而馳，習慣著眼於彼此的不同，不願矚目於同一性。這種情緒使你有眼而看不見，只好仰賴自己打造的自我在前領路，去承擔它爲你打造出來的世界。（T-22.I.4）

即使小我已經寫出一套詭譎複雜的劇本，表面上好似在追求愛，骨子裡卻是在捍衛罪咎、將愛推開。根據《課程》的說法，化解這套戲碼其實相當簡單，只要我們甘心徹底放下這一套思想體系，學習寬恕他人和自己那些看似無可饒恕的罪過，就表示我們已經開始放下「有些過錯是罪不可赦」的觀念了：

懲罰一向是罪最有效的護身符，它對罪絕不會掉以輕心，甚至萬般推崇罪的嚴重性。凡是必須懲罰的，表示它必是真的。凡是真實的，必是永恆的，且會永無止境地循環下去。因爲只要你認爲是真的東西，必會想盡辦法得到它，而且絕不輕言放棄。

反之，錯誤則沒有這種魅力。只要你看清那只是一個錯誤，自然會想要修正它。至於罪，則會一再重演，即使令人飽受痛苦，罪的魅力始終不減。你一旦把罪「降格」爲一種錯誤，就不會舊戲重

演了，你會當下打住，放棄那老戲碼……。（T-19. III.2:4~7;3:1~5）

　　只要曾目睹或親身受過藥癮或其他上癮行為的折騰，任何人都能理解「至於罪，則會一再重演，即使令人飽受痛苦，罪的魅力始終不減」這句話的深刻含意。知名的「十二步驟」〔譯註〕提供了一個可行的康復模式，幫助當事人化解暗中為癮頭撐腰的「罪咎的吸引力」。它設計一套次第有序的方法，教人認出問題之所在，且為此負起責任，寬恕自己，也寬恕別人，敞開心接受「更高力量」的指引。可以說，那個「更高力量」與《奇蹟課程》說的聖靈十分相近。

　　然而，深入去了解即會發現，「十二步驟」團體的罪咎觀念與傳統宗教可謂若合符節──「一朝癮君子，終身癮君子」。許多人認為，想要康復，就必須持續不斷甚至終身參與支持團體，以免重蹈覆轍，再次「失控」。

　　我們常聽說「十二步驟」的學員推薦《奇蹟課程》為「進階」教材；這樣做，就修補「十二步驟」核心理念之意義而言，也許不無道理。《課程》一向主張，只要是人，都

〔譯註〕十二步驟是由戒酒無名會（Alcoholics Anonymous，簡稱 AA）所設計的心靈成長和人格發展課程，為後來各種戒癮及支持團體紛紛仿效，其宗旨是由酗酒者互相幫助戒除酒癮，回到人生的正軌。十二步驟的具體內容於本中心所出版的《療癒之鄉：推開心靈的鐵窗》中曾多次引述。

犯了同樣的癮頭，都受恐懼的驅策，且以自我中心的角度看待一切現實。就在這種神智不清的思考框架下，人們究竟沉迷於性、毒品，或是甜食，其實毫無差別。不管是爲了什麼而上癮，都不過是換個方式拜倒於罪咎的吸引力之下，爲問題百出卻強詞奪理的小我人生邏輯撐腰。但是，即使小我儼然霸佔了我們的心識，只要我們真正認清，便無需害怕它：

> **不必害怕小我**。它得靠你的心靈才能存在，既然你曾因爲相信它而造出了它，你也同樣可以不相信它而將它驅逐。不要把「你得爲自己的信念負責」投射在別人身上，否則你就等於強化這一信念。只要你甘心承認整個小我都是你自己一手打造出來的，表示你已決心放下所有憤怒及攻擊的機會，它們全是因爲你相信自己該爲所有錯誤負責而又把這責任投射到他人身上所生出的後遺症。然而，承認這是自己的錯誤，並不表示你該緊抓著它們不放。你應即刻交託給聖靈，予以徹底化解，那些錯誤的遺害才會由你心中消失，也由整個聖子奧體中遁跡。
> (T-7.VIII.5)

收回投射

　　知名的深層心理學家榮格認爲，實現世界和平絕非靠參政，而是「收回自己的投射」。「投射」是一種心理過程：否認自己的念頭、感受、傾向，並將它歸諸於他人、團體、種族，甚至無生命的物體或符號象徵。人類常藉著投射來跟自己的負面特質撇清關係，但其實人也可以用它來發揮正面效用，例如將愛心投射於自己心愛之物（比如汽車），然後想像車子也會以愛回報主人。可想而知，若非球迷將各種自我價值和膨脹的自我形象投射到喜歡的球隊上頭，體壇明星又豈能如此風光？

　　然而，投射往往造成極大的傷害，例如指控他人行事不公、不懷好意，其實都是自己將心裡的成見和敵意經過扭曲、變形之後投射出來，因而理直氣壯地怪罪別人。這種負面的投射在所有人際關係屢見不鮮，在國際外交尤爲顯著，各個民族、宗教、文化、種族常常針鋒相對，指責對方充滿敵意、圖謀侵略，強調自己是受害者，一切反擊全屬不得已的自衛行爲。負面投射一旦形成「冤冤相報」的局面，任何一方想要罷手絕非易事。說穿了，沒有哪個團體或國家願意承認自己是侵略的一方，就算情勢不妙想要改弦易轍，還會擔心自己若撤回攻擊、降低防禦等級，乃是示弱之舉。

政治如此，人心亦然。可以說，世間的戰爭全都根源於人類內心的交戰。《奇蹟課程》是這麼看待世間衝突的：

你投射出去的正是你拒絕接納之物，你自然不會相信它原是你的一部分。你一判斷你與自己投射之物有所不同，你便成了他的「身外」之物。因著你對自己的投射的排斥，你會不斷加以攻擊，因為你存心與它保持分裂狀態。這種反應都是下意識的，它蓄意不讓你覺察出你其實是在打擊自己，卻異想天開，以為是在保護自己。

你的投射所傷害到的一定是你。它使你更加仰賴自己分化的心靈；它唯一的目的就是維持分裂狀態。這純粹是小我的伎倆，使你覺得自己與弟兄是兩個完全不同且毫無關係的獨立個體。小我還會設法使你感到自己「高人一等」，以顯示你們的不同，進而抹殺你們的平等關係。投射與攻擊其實是一丘之貉，因為小我一向是用投射來為自己的攻擊行為辯護。沒有投射，憤怒便無從生起。小我利用投射，純粹是為了破壞你對自己及弟兄的看法。它的陰謀是這樣得逞的：先把你無法接受的某一部分剔除於自身之外，最後又把你剔除於弟兄之外，這是遲早的事。（T-6.II.2,3）

正因我們誤以為自己徹底失去了上主無條件的愛，以致如此自責，揣想自己究竟犯了什麼錯才會受到這麼鉅大的懲罰。我們心靈裡相信分裂的那一部分——小我，也極力說服我們：千萬不可拆小我的台，堅守個人的身分與價值，生命才可能得救。於是，小我忙著把我們對自己的控訴塞進潛意識裡，實在壓不下去的，就投射到「跟我們作對的人」身上，認定他們根本居心不良。如此一來，我們勢必感到草木皆兵，隨時都得奮起自衛。

小我這種推論已經夠可怕了，但《課程》的解套方法更是一針見血，足以嚇跑不少初入門的讀者。〈練習手冊〉第一百五十三課「不設防是我的保障」這麼說：

防衛措施乃是小我向你強制徵收的最高代價。它們瘋狂的程度讓人不寒而慄，使得神智恢復健全的希望成為渺茫的空想。世界慫恿你應該具備的憂患意識，其瘋狂及強烈的程度，遠遠超出你的想像，你對它的破壞力可說是一無所知。（W-153.4）

今天，我們不再玩這幼稚的遊戲了。我們真正的目的既是拯救世界，自然不會讓這愚昧的遊戲取代了此生任務給予我們的無窮喜樂。我們不會因著腦海中無謂夢境的浮光掠影而讓幸福溜走，也不會把夢中的角色誤認為上主之子，或把黃粱一夢當成了永

恆。（W-153.8）

今天我們要越過所有的夢境，並認清自己無需設
防，因為我們受造的生命是凜然不可侵犯的，絕不
會有任何認同攻擊的念頭、希望，或夢想。從此，
我們不再害怕，因為我們已經拋棄了所有可怕的
念頭。在不設防之下，我們立場堅定，活得心安理
得，相信自己安全無虞，必會得救，也必會完成自
己選擇的目標；如此，我們的牧靈使命便已將它的
神聖祝福推恩到世界的每一個角落。（W-153.9）

　　儘管如此，現實生活畢竟存在各種無端的攻擊，例如那
些瘋狂的殺人犯和恐怖分子，我們根本無法想像自己究竟把
什麼投射到他們身上。野蠻攻擊似乎是這個娑婆世界無從逃
避的現實。面對這些瘋狂的攻擊行為，我們的恐懼、批判、
制裁等等反應，看來不但事出有因，而且天經地義。《課
程》從未明言我們該如何看待犯罪問題或恐怖主義，但對於
我們的心靈該如何回應，它的立場從不模稜兩可：

當一位弟兄表現得瘋狂失常時，他其實給了你一個
祝福他的機會。他的需求其實也是你之所需。你所
能給予他的，正是你自己需要的祝福。你只有給出
祝福才可能擁有這一祝福。這是上主的天律，絕無
例外。你所拒絕的，成了你所欠缺的；不是因為你

眞的欠缺，而是因爲你在他人身上否認了它，故再
也無法在自己內意識到它的存在。「你認爲自己
是什麼」支配著你的每一個反應，而你想要成爲什
麼，便會認爲自己眞是那般模樣；於是，你想成爲
的模樣又反過來支配你的每一個反應。（T-7.VII.2）

徹底的自我負責

偶爾聽到有人批評《課程》助長了「你正在創造自己
的實相」（creating your own reality）這一觀點，但深入《課
程》的朋友都心知肚明，這個評論純粹出於無知。《課程》
的觀點是，小我心態所建立的知見，營造了眼前既美麗又恐
怖、有生有死的世界，偶爾可能感受到一點愛，但總揮不去
恐懼和孤寂的陰影。我們早晚會失去珍愛之物，肉身也不免
一死，我們造出的這個現實竟是如此殘酷不仁：

你所見的世界，是一個充滿報應的世界，世間的一
事一物都成了報應的象徵。你所知所見的「外在現
實」，不過是圖像式地展現你自己的攻擊念頭而
已。你不妨自問：這豈能稱之爲看見？將這一過程
稱之爲幻想，將那結果稱之爲錯覺，豈不更貼切一
些？（W-23.3）

　　《課程》甚至提出警告，只要認同小我，每一念、每一刻，無不在重新建構一個充滿天譴的世界。小我「心想事成」的本領，讓我們一再重燃希望，又一再無情地幻滅：

> 我們先前已談論過，小我如何對自己渴望之物打著如意算盤，設法如願以償。它會把自己的目標變得既真實又可能完成的模樣，沒有比這更凸顯出需求的力量，也就是信仰的力量了。小我先信仰了虛假不實之物，再改造現實來配合自己的瘋狂劇本。你的心靈若以罪為取向，便不能不造出一個有目共睹的恐怖世界，才好自圓其說。你渴望什麼，就會看到什麼。那種現實如此虛妄，為了保護這一假相，你自然不會揭發自己企圖弄假成真的陰謀伎倆。
> （T-21.II.9）

　　《課程》從不教我們用觀想的方式，將世界改造成我們所期望的樣子，反之，它認為我們「早已如願以償了」──這個世界正是具有自我毀滅傾向的小我所「要」來的！颶風、地震也好，凌虐、謀殺也罷，種種的天災人禍，全是因為我們寧願看到這樣的世界。即使我們願意奉獻一己之力，甚至投身政治，設法為世間減少一分邪惡與災難，但只要我們仍深信自己的存在全繫於這一可朽的物質世界，所有努力都會付之東流。我們可以觀想最時尚的夢幻新車現身於自家車庫（或許真有一天美夢成真），卻無法扭轉它終將老舊到

無法發動的事實。即使所有的夢幻都逃不掉破滅的命運，小我依舊慫恿我們卯盡全力去適應、去改造；針對這些，《課程》斷然指出，凡此作為，都是瘋狂之舉。

《課程》針對小我自毀式的「心想事成傾向」痛下針砭，提供了一套完整的心法，叮嚀我們向聖靈請教，重新連結上主天心永恆不滅的實相。但是，要想聆聽聖靈之音，我們必須為眼前所見所聞負起完全的責任，不只寬恕眼前的一切，更要寬恕想出這一切的自己。藉由每天修練一點寬恕的功夫，愈來愈接近聖靈之音，我們才會得到自己真正想要的東西：

> 只有聖靈才可能知道你需要什麼。不論祂賜你什麼，都不致妨礙光明的來臨。此外，你還需要什麼？祂會賜你在時空世界所需的一切，還會配合你的需要自動更新。只要它們對你還有用處，聖靈絕不會由你那兒奪走。然而，祂知道那些需求只是暫時性的，不可能持久，終有一天祂會讓你明白，一切的需求原來早已滿全，你就由那些需求中解脫了。因此，連聖靈自己都不重視祂所給你的禮物，祂只需確定這些東西不會害你在娑婆世界流連忘返。因聖靈知道這兒不是你的家鄉，祂絕不樂見你延誤自己的返鄉之日。(T-13.VII.12)

　　說真的，這種「學著聆聽聖靈而不理會小我之聲」，是相當微妙的心理過程，一不留神，就會被各種障礙所扭曲。以我自己為例，我愈來愈「聞」得到自己的一種習氣，以為自己知道需要什麼，而且聖靈「應該」會幫我如願以償。例如我最近總覺得需要多賺點錢、在出版業闖出名號。當我一廂情願卻心想事不成時，馬上會怪聖靈沒有盡到祂的本份。

　　只要一察覺到這一傾向，我就趕緊用〈教師指南〉來提醒自己，它提到資深「上主之師」的十種人格特質：信賴、真誠、包容、溫良、喜樂、不設防、慷慨、耐心、忠信、開放的心。可是，不論讀了多少遍，我都找不到財富、名聲和影響力這些東西。由此看來，聖靈認為我需要的東西，還真是一個謎呢。

療癒內心的「垃圾山」

　　如何擺脫小我的桎梏，如何收回投射，如何接觸內在靈性智慧，這種種的過程，每個奇蹟學員都有自己獨特的功課要做，北卡的一位學員蘇菲亞‧畢尚諾如此現身說法：

> 我接觸《課程》之初，內心就起了很大的變化，第
> 一年尤為艱難。我第一次看見自己心裡有那麼多垃

圾，內疚、羞愧、恐懼、對別人的批判，抱著這些垃圾度日，只會讓我活得愈來愈孤寂。看來，我心裡有好大一座「垃圾山」有待療癒和寬恕，而我以為那只能靠自己。舉例來說，當寬恕功課來臨時，我常看不出那是寬恕的機會，而馬上掉進內疚和自慚的陷阱。我對《課程》所說的聖靈沒多大信心，我只是假裝相信「天上那一位」會放過我的種種匱乏，一步步仁慈地幫我穿越這一過程。感受到內心窩藏了那麼多醜惡的心念，真讓我心如刀割。

還好，隨著勤練每日一課，我漸漸明白真有「那一位」陪伴著我療癒。這時，我才開始真正與聖靈（或說耶穌）攜手合作。每晚臨睡前，要是覺得當天某一個生活功課沒做好，我就把它寫出來，和耶穌聊聊。這讓我受益良多。沒多久我就注意到，我的心不再像以前那樣受外境干擾了，彷彿有人從我的記憶裡抹去了那個問題似的。

現在我沒那麼依賴書寫和聖靈溝通了，我覺得自己的心已經更貼近耶穌的指引。每當內心的抗拒和負面情緒升起時，我立即察覺到這並不是我真正想要的感受。接下來，我會任由這些抗拒（恐懼、憤怒、怪罪、內疚）像浪潮一樣流過我的心，深知聖靈不待我的呼求，早在那裡陪我走過每一步。

　　澳洲的學員羅文‧哈根則用「切換電台節目」來形容他「學習聆聽不同聲音」的歷程：

　　對我而言，小我就像是大腦裡內建的電台節目，不斷播放「那不是很可怕嗎」「喔，我好可憐」「我真受不了我的另一半（或親戚、同事、鄰居）」「要是他或它不是這個樣子，我早就有人愛了（或功成名就、幸福快樂、受人賞識）」。這些雜音很煩人，卻又關不掉。幸好，還有另一個大我懂得欣賞綻放的玫瑰，看到弟兄的優點，在弟兄的怒氣中聽出對愛的渴求。所謂「重新選擇」，可以說是「切換我腦袋裡播放的電台節目」。

　　《課程》非常睿智，一針見血地指出我的思考模式，對治的方案也十分到位，但這是需要過程的。以我來說，改變作法不是重點，而是我不需要為了這事急得跳腳。我漸漸學會，只要我肯退下一步，不再自作聰明，那些問題反倒會自動好轉。我需要挪出空間，讓聖靈發揮力量。

　　馬里蘭的東尼‧涅爾則喜歡引用〈正文〉的一段禱詞，提醒自已何時請教聖靈：

　　有時候我被小我纏身，每況愈下時，我就會想起「還有另一種更好的方式……我可以看見平安，而

非這個」。操練《課程》久了，我已不再那麼容易自我欺騙了。現在，我愈來愈能在小事上覺察到自己的不安，要是以前，我可能會認為自己愈修愈糟，但現在我會記得《課程》說過，愈修進去，我們會愈加敏感那些剝奪平安的小事了。

當我欲振乏力或瀕臨失控時，第五章結尾的這段禱詞對我很有幫助：

我必已作了錯誤的決定，因為我沒有活在平安中。
既然是我自己作的決定，我也能作出另一種選擇。
我願意作出另一種決定，因為我要活在平安中。
我無需感到內疚，因為只要我給聖靈機會，祂就會化解那錯誤決定所帶來的一切後果。
我決心放手，讓祂為我「選擇上主」。

我已經明白，學習寬恕會是個漫長的過程，但我也清楚，最終需要寬恕的是我自己。我愈能從別人身上收回投射，就愈能感受到平安與否完全操之於自己。收回投射後，我會對自己更仁慈一點——要不是內疚和恐懼作祟，我又怎會攻擊弟兄？為此，我會向聖靈求助，設法以上主的眼光看待自己，學習像上主一樣地愛，像基督一樣地寬恕。

重點摘要

　　《奇蹟課程》指出，小我（也就是我們習以為常的自我感）才是心靈的亂源；心靈則超越小我之上，它有能力學習在「小我恐懼之聲」和「聖靈寧靜之音」兩者間作一選擇。

　　從這個角度來看，《課程》與坊間的勵志課程正好相反。一般勵志課程所教的，不外乎如何實現小我的目標：更多的物質享受、更美好的戀情或非凡的成就。《課程》則反其道而行，教導我們如何避開小我的陷阱或伎倆（例如以罪的觀念拉抬罪咎的吸引力，或是將自己負面的心態和特質投射到別人身上）。

　　《課程》明白指出，投射不只會破壞各種人際關係，它更是造成世界各地衝突與戰亂不斷的幕後黑手；而我們不過是將自己悖離上主之愛與創造的罪咎，投射到眼前的世界而已。

　　真正的幸福與平安之道，不在於把世界「觀想得多麼美好」，而在於寬恕眼前的世界，也寬恕自己竟然能將這世界搞得如此逼真。一旦開始寬恕，我們就會聽到

聖靈的指引，學習越過物質世界的虛妄表相，認出上主
永恆的聖愛。儘管小我的恐懼心態總是先聲奪人，但只
要鍥而不捨地操練《課程》，我們自會找到個人如何解
除小我桎梏的方法。

8 轉化「特殊關係」

小我對任何人都居心叵測。它的存活全賴你相信它
邪惡的企圖會特別對你網開一面。因此，小我會和
你協議，你若願意充當它的寄身之所，它就能幫你
把怨憤投射於外，使你不受其害。於是，它懷著怨
憤為你編織出一連串得不償失的特殊關係，矢志效
忠這瘋狂的信念：你向外投射的憤怒愈多，你的處
境就會愈安全。（T-15.VII.4:3~6）

　　這段引文有如雷霆萬鈞，當頭劈下，直接挑戰了大多數
讀者對「特殊關係」的看法。試想，親密關係明明是建構家
庭、穩定社會的基礎，怎會淪落到如此不堪的境地？故讀者
首次接觸到〈正文〉這類觀點時，莫不感到這部課程對人間
情愛抱持著完全不信任的態度。〈正文〉第十五章到第十七
章不時出現對「特殊關係」的嚴酷描述，甚至用上這樣的隱
喻：「框上鑲著愛之幻相的浮光掠影，夾雜著犧牲與自我膨
脹的夢魘，交織著自我毀滅的金線。」（T-17.IV.8:3）類似的
說法在全書中俯拾皆是，談及對治這一困境的「神聖關係」

甚至更多。可以說，《課程》談到「特殊關係」的部分，是最讓新學員坐立難安的課題了，不難想像有多少讀者為此望之卻步。

若想了解《課程》之所以對人際關係抱持這一看法，我們必須回頭複習此書的實相觀。《課程》認為我們為了保全身體的個體生命，不惜犧牲永恆生命的幸福覺識，來換取這一致命的生命假相。「身體不過是你心目中的你的一個象徵而已。它顯然是一種分裂伎倆，故不可能真的存在。」（T-6.V.一.2:2~3）人心受恐懼箝制的那一部分（小我），為了鞏固分裂感，造出了身體的幻相，徹底把持我們的心識。身體成了「分裂」不容質疑的證明，我們再也不能無視於眼前種種不完美，為了生存而競爭對立，最後仍難逃一死。

身體的存在讓人不得不相信，唯有依靠其他身體，我們才能活得舒坦，或者至少可以苟延殘喘：最初，母親是我們緊密依賴的對象；及後，靠著家人和親友師長，孩童才得以平順長大；成年之後，在茫茫人海尋覓終生伴侶、建立親密的性關係、生兒育女、成家立業……。同時，我們終其一生都在精挑細選各種情誼及工作夥伴。種種的人生境遇，我們無不依據每具身體各自不同的需求，建立或深或淺的人際關係。準此而言，每一種關係都可視為「特殊」的關係。

事實上，跟其他身體建立的任何特殊關係，每個環節都

可能出紕漏。爲人父母可能漫不經心，甚或自私自利；家人也可能明爭暗鬥，在不同性格的碰撞中，各個遍體鱗傷；即使熱戀中的情人也無法保證絕對不變心，愛的光環總有黯淡的一天；更別說職場了，那簡直是爲了出人頭地而不擇手段的殘酷競技場。

然而，人類還是需要繼續繁衍下去，而且再怎麼衝撞混亂，每個社會文化都會找到自己的出路；無論是不是眞愛、過得幸不幸福，我們的重要關係也多半勉強過得去。爲此，大多數宗教會制定一套行爲倫理來規範這些關係，《課程》則單刀直入，直接從根源下手，推翻了我們對人際關係的種種假定。它說：人間沒有眞愛──只因小我和身體對彼此的索求，不過是爲了延續自身短暫的存在，想用愛來掩飾眼前無常的境遇；人與人之間的相濡以沫，全出於一種虛妄的罪咎和匱乏感。

> 正視特殊關係時，必須要有心理準備，因它會激起你相當大的痛苦。焦慮、絕望、罪咎以及攻擊之念都會不時乘虛而入，來去無蹤。你必須認清它們的廬山眞面目。不論它們化身爲何種形式，都是一種自我攻擊卻存心嫁罪於對方之舉。我先前已經提過這一現象，只是尚未深入剖析它眞正的企圖而已。
>
> 小我在特殊關係中打造出來的自我概念就更加令人

匪夷所思了。這個「自我」企圖藉用某種關係來滿足自己的需求。當它認為找到了一個能夠滿全這一目的的特殊關係，便會毫不吝惜地給出自己，想用自己來交換他人的自我。這不是合一，因其中沒有增長，也沒有推恩。雙方都設法犧牲自己不想要的自我，換成心目中更好的另一個自我。他會因為奪人所好之「罪」而感到內疚，因他知道自己回報之物一文不值。他當初既然會為另一個「更好」的我而放棄自己的我，這個「我」對他還會有何價值？

小我所尋求的那個「更好」的我，通常具有較強的特殊性。（T-16.V.1,7,8:1）

通往「神聖關係」

難道《課程》是要我們放棄人間所有的關係，躲到深山洞窟冥思自己的生命真相嗎？當然不是。不論面對人生哪一環節的問題，《課程》的「處方」始終如一，它再三重申，只要我們能改變看待世界與自己的心態和眼光，就能從人際關係得到圓滿和幸福：

神聖關係乃是幫你認識真實世界最關鍵的一步，而

這是有待學習的。你舊有的不神聖關係必須脫胎換
骨，才能在你新的眼光下煥然一新。神聖關係具有
驚人的教學效能。它從關係之始直至完成的每一過
程，都能幫你扭轉不神聖的關係。（T-17.V.2:1~4）

神聖關係的出發點則完全不同。每個人都會朝自己
心內看，卻看不到任何欠缺。他們必須先接受自己
的圓滿，才可能和其他同樣完整的生命結合，使這
一圓滿生命不斷延伸。他在彼此身上看不出任何差
異，因為所有的不同只限於形體。為此，他在對方
身上也看不到任何值得掠奪之物。他從此再也不會
否認自己的真相了，因那是顛撲不破的真理。他緊
貼著天堂而立，不再被世界騙回去了。因為他們的
關係具備了天堂的神聖性。如此肖似天堂的關係，
距離自己的家園還會多遠？（T-22.in.3）

　　所謂「朝自己心內看，卻看不到任何欠缺」，是指一種
直觀的「看的能力」，只去看人的靈性本質，而不受物質世
界的表相所蒙蔽；縱然目前無法越過物質的表相去看，但至
少我們有願意一試的決心。同樣地，只要我們能在短暫的一
生不再拿對方來彌補自己的缺憾，而是願意互為師生，看見
彼此都在奮力超越這具軀殼的限制、活出永恆而圓滿的本來
生命，「特殊關係」就能因而轉化為「神聖關係」。

你看到什麼世界，就會重視那個世界。在橋的這一頭，世界充斥著有形的身體，每一具身體都千方百計想跟其他身體結合，寧可喪失自我，也要與對方合一。兩個獨立的個體若要合為一個，便不能不貶抑或壓縮自己。雙方都得否定自己本有的能力，而這種個別的結合方式其實已把整個宇宙力量排拒於外了。他所排拒的遠大於他所接收的，因他排拒的是上主，接收的卻是虛無。如果這一關係是結合於無瑕可指的信念中，整個宇宙都會加入它的陣容。然而，小我追求的特殊關係連一個完整的個體都包容不了。它只要對方的某一部分，也只想看到那一部分，其餘的它一概視若無睹。（T-16.VI.5）

橋的那一頭則是另一番景象。雖然身體還會繼續存在一段時間，卻不再像橋這一頭的身體那般排外了。……只要你一越過這座橋樑，身體的價值便會在你眼中驟然消減，你再也不想渲染它的重要性了。因你已經明白了，身體只有一個價值，就是讓你能伴同弟兄跨越這座橋樑，一起獲得自由。

（T-16.VI.6:1,2,4,5）

儘管《奇蹟課程》是一門自修的課程，它的學習卻必須在人際關係裡開花結果，以「神聖一刻」為目標，在這一刻中，我們擺脫了時空的羈絆，認出自己與宇宙萬物原為一

體，當下即是永恆。這種經驗近似於禪宗的明心見性，所不同者，神聖一刻絕非長年禁語、閉門獨修的成果，而是落實在人際關係的「實修」之果。

神聖一刻是聖靈教你了解愛的真諦最有效的工具。它的目的是要全面終止你的判斷。因判斷不能不根據過去，過去的經驗乃是你判斷的憑據。沒有過去，你無法判斷；沒有判斷，你不可能了解任何事情。你一旦看清了自己根本不了解任何事情，自然不會生起判斷之心。這是你最擔心的事，因為你相信，沒有小我的話，一切就會失控。然而，我可以向你保證，如果沒有小我從中作祟，一切都成了愛。（T-15.V.1）

世上每一個人都會為自己編織出一個特殊的關係網，雖然天堂沒有這種關係，但聖靈知道如何將天堂的法則用到世界。在神聖一刻，沒有一個人是特殊的，因為你的私心私願成不了大事，也無法把弟兄塑造成另一種人。若沒有過去的價值判斷作祟，你必然能夠一視同仁，且視之如己。你也不會在自己與他們之間看到任何裂痕。你若只著眼於現在，便不難由這神聖一刻看出每個人際關係的真相。（T-15.V.8）

現身說法

就多年的經驗來說，光是在理論上釐清「特殊關係」和「神聖關係」的差異，已是一大挑戰，更別說應用於切身的人際關係（況且對方多半不是奇蹟學員）。只因這當中有一個極大的危殆：「追求神聖關係」若僅限於頭腦層次或只是喊喊口號，反而當下便淪為特殊性的工具。所幸，即使當前的奇蹟教師對「如何轉化特殊關係」見解各異，但至少他們都同意神聖關係會導向一種超越的合一境界，讓自己對眾生展現出無私的愛。

人間情愛，最能帶來幸福與希望，一旦幻滅，卻也最是苦澀；對此，新學員最重要的課題，莫過於釐清「形式」與「內涵」之別。一般而言，婚姻和性行為向來是傳統宗教最喜歡用來論斷有罪無罪、道不道德、健不健康的人間議題，但《奇蹟課程》竟然什麼也沒說。正因為《課程》根本否認身體的真實性，它並不在意身體做了什麼，身體最多只是充當交流的工具：

你應記得，根據聖靈的詮釋，身體只是一種交流工具。

你若把身體當作攻擊的武器，它對你就會百害而無一利。你若能把身體當作一種媒介，向其他仍然相

信自己只是一具身體的人示範，身體不是攻擊人的
武器，你才可能看出自己心靈的大能。只要你把身
體純粹用於此處，它就不可能淪為攻擊的武器。身
體若能為合一之境效力，它便成了教導共融的美妙
課程；在達到共融境界以前，身體仍有存在的價
值。上主就這樣將你妄造的有限之物發揮出無限的
妙用。（T-8.VII.2:1;3:1~5）

　　諾可・桑傑斯（Nouk Sanchez）和湯瑪斯・魏耶拉
（Tomas Vieira）〔原註〕是奇蹟圈內相當受歡迎的講師和工
作坊帶領人，他倆合作寫了《領我邁向真實之境：化解小我
／暫譯》（*Take Me to Truth: Undoing the Ego*），他們的婚
姻早已結束，仍然常被誤認為夫妻。諾可在電子郵件裡向我
細說了他倆這段殊勝緣份的曲折起伏，這一難能可貴的現身
說法讓我了解，即使雙方都致力於追求靈性真相，這份親密
關係依舊會在《課程》所說的「特殊目標」與「神聖目標」
間搖擺不定，最後還可能改變形式。諾可要說的是，人間婚
姻的承諾未必能保證雙方達到靈性的共融境界：

我和湯瑪斯在1984年相遇於澳洲凱恩斯市，兩人一
見如故。當時我們原本都有親密伴侶，我有固定的
伴，而他的伴侶總是來來去去。可是我倆聽得懂對

〔原註〕本書只來得及訪談諾可・桑傑斯，湯瑪斯已於2010年辭世。

方要說什麼，也總是相互照應，沒有任何條件。我倆相知愈深，愈是珍惜這一緣份，於是鄭重地許下一個神聖的誓言。現在回想起來，這正是幾年後我倆得以將特殊關係轉化為神聖關係的基礎。我們發誓：「無論何人何事介入，永不離棄彼此。」在那一刻，我倆沒有絲毫利己的動機。我們真心想透過彼此，學習愛的本質——永恆、無染。

1987年，上完天主教的婚前輔導課程後，我倆在教堂互許終身。翌年，女兒瑞琪來到人間，加入了我倆的特殊關係。

1990年，我遇上了《奇蹟課程》，湯瑪斯一開始雖然極力抗拒，終究還是折服於此書。這是我倆關係的重大里程碑，加快了化解小我的腳步，也讓這段特殊關係提前告終。

到了1997年，我倆感受到該讓這段關係邁向另一「信賴」的層次了。為了忠於永不離棄的誓言，我們決定離婚來保護彼此的關係。或許可以這麼說，我們捨棄了婚姻的「表面形式」來保存這段關係的「實質內涵」。我們寧可放下種種不安全感與防衛反應，放下對愛的舊有成見。正因為我們揚棄了過去的觀念，我們今天才能體驗到這種不為任何事物

動搖的大愛。在工作坊中，我們總是提醒學員無需
模仿這一作為。我們只是開了一個先例，為了忠於
彼此的愛，誠實地選擇離婚一途。

辦完離婚手續後，湯瑪斯和我仍然相當親近，1999
年我受到內心召喚前往美國，他則留在澳洲。即使
如此，我們幾乎每天通話，至今不變。我感覺到自
己還需要在親密關係中接受更多試煉，學習化解，
於是在 2000 年另嫁了尼克‧桑傑斯。大多數人是
依著小我的共同利益而選擇伴侶的，但我這一次並
非如此。尼克對靈性毫無興趣，他的信仰和價值觀
也多半迥異於我，這一點至今仍無多少改變。對我
而言，這正是我練習愛的最佳機會，我不想再像以
前一樣，藉著特殊關係而互相討愛。我在這段關係
裡學習寬恕，學習讓內心的愛流出，漸漸地，我愈
來愈感受到內心更深的愛和信任。我給出愈多，得
到愈多。我終於知道，尋覓真愛最好的方式，就是
將自身最渴望的給出去。透過給出，我才可能發現
自己始終擁有真愛。

我和尼克與瑞琪住在新墨西哥州的聖塔非，2005
年，我和湯瑪斯合作寫下《領我邁向真實之境》。
此書在 2007 年出版之後，我倆走遍世界各地開課
教學。每年，湯瑪斯會來聖塔非和我們一同住上半

年，我們感受到雙方都在持續成長，不斷地放下成見、重新學習。我們都願活出耶穌在〈教師指南〉列出的最後一項上主之師的特質「開放的心」。我們深知，若非如此，我們不可能真正學到任何東西，而停止學習的人是無法成為一個好教師的。

我知道諾可和湯瑪斯在相戀之前已是難得的知己，於是我問諾可，他倆相知相識這麼多年中，哪個階段算是《課程》說的「特殊關係」？

初識時，我們對彼此毫無索求。頭兩年，湯瑪斯正好有對象，我也是。我倆只是最要好的朋友，無話不談，都想一探真愛和神的究竟本質。回頭來看，我們的關係是在轉變為夾雜性愛的戀情以後才變調的，遊戲規則改變了，特殊性露出了「我是唯一」的猙獰面目，我們也成了被小我驅使的凡夫俗子，頻頻要求對方「如果你愛我，就依照我的方式做……你應滿全我的需求」「如果你不滿足我的需求，我就無法繼續愛你」。所有受害、憤怒、憎恨的記憶和恐懼，全都不請自來，狠狠砸向我們摯愛的對方。

回首那段特殊性當家作主的時期，兩人都是無意識地利用對方，將內心的自我憎恨投射在彼此身上。

我們承認「需要」彼此，以為這就是愛。現在才明
白，原來當我們需要某人時，不過是利用對方滿足
自己的需求而已。

我接著問諾可，他倆在教學上的合作，是不是使這段關
係轉為「神聖」的共同目標？

我想，我們的共同目標其實是一心一意想由痛苦的
人生夢境覺醒，這一目標促成了我們的分享、寫作
和教學。我倆這一願心十分堅定，其他的小問題並
不足以讓我們偏離目標。現在看得出來，在這首要
目標之下，我們可說是受到神聖關係的祝福，以至
於所有的人生功課，都將我們帶回那「沒有對立的
愛」。有了神聖關係的基礎，我們才能將此愛延伸
到人生大夢的每一層面，無論是財務、健康、人際
關係，還是所謂的成就，我們都慢慢學會放下操控
心態。

對上主的信賴日深，我們自然而然地感受到所有需
求都已經獲得滿足了，真的！不再需要汲汲營營，
也無需逃避或抵制。即使感受到需要做些什麼，那
也是來自大我的指引，心裡沒有絲毫執著。現在我
們最想做的，就是讓流經心內的愛與奇蹟理念向外
推恩。這種經驗真是神奇！「給」的渴望遠大於

「得」，可說是人生夢境裡最崇高、最自由，也是最令人滿足的經驗了。

我前一本書《讀懂奇蹟課程／暫譯》（*Understanding A Course in Miracles*）引用了奇蹟教師羅伯‧培理對神聖關係的解讀，他認為雙方都必須有此意願，才能建立神聖關係。我也問了諾可相同的問題，她回覆道：

根據我自己的經驗，神聖關係只需要一方的願心。我再婚後，在2004年和尼克搬到澳洲住了一陣子。尼克既非奇蹟學員，對覺醒也毫無興趣，可說是老天派來挫敗我的小我的完美明師。他從小在新墨西哥州長大，深信人活著就該努力工作，偏偏澳洲那時沒有適合他的工作。沒有工作，他什麼也不是，這讓他難受極了。而我那時正被女兒的疾病折騰，兩個人不吵才怪。我徹底掉入受害心態，覺得他的問題全是我的錯，還有一個生病的娃兒要照顧，只有我一個人苦苦撐著。

接下來，我很快落入了修行人的一大陷阱——我要改變尼克。他不想覺醒，但我可清醒得很。要是我能讓他更靈性一點，我倆的關係就有救了！我後來稱這種心態為「靈性優越症候群」，小我為了自保而假扮靈性，這與覺醒和愛根本是兩回事。

我們常吵到不可開交，我愈想改變他，他的反彈就
愈大，最後我只好屈服。讀了十四年的《奇蹟課
程》，我覺得自己一敗塗地，絲毫活不出耶穌所
教的神聖關係。心情跌落谷底時，我跪下來向聖靈
哭訴，請袮療癒我看待世界的眼光，在那一刻，腦
海響起一個充滿威嚴的聲音：「根本沒有尼克這個
人！」一時我楞住了，幾秒後才回過神來反問：
「什麼意思？」瞬間我明白了，彷彿上天所有的訊
息在那神聖的一刻流入我的心中，它說的一點也沒
錯：「根本沒有尼克這個人！」這是我十四年來一
直沒有讀通的道理！我的知見在那一刹那終於發生
了轉變。從此我確信不疑，不光是我和尼克的關係
有救了，我和全世界的關係都有救了！怎麼說？因
為我已認清並接受「療癒必須先發生於我心中」這
一事實，無論外界什麼事或什麼人煩擾了我，療癒
必須出自「我的心靈」這一樞紐，「我的心靈」才
是療癒的主宰。

從「表相形式」來說，我和尼克再也沒吵過架。我
從沒跟尼克談起這段心路歷程，只要我改變了心
態，讓寬恕進入我心中，我和他的關係就全盤轉
變了。我看清所有的衝突都出自我潛意識罪咎的投
射，我也明白了，我利用尼克勾出潛意識的自我憎

恨（罪咎）來攻擊自己。表面上看來是他在攻擊
我，那其實是我的投射，我才是那個需要被寬恕的
人！從此之後，我明白了，只需一方有此願心，就
能活出神聖關係。

無論是不是奇蹟學員，若只有一方想要轉化親密關係，
而對方毫無配合的意願，確實令人沮喪。我問諾可怎麼看待
這樣的困境？

以我自己的經驗來說，既然對方根本不存在，只要
我的意願能契入上主的旨意，改變自然會發生。

如果只是想滿足自己的需求，無論是性、親密關
係、財務穩定還是什麼，這樣的人際關係是不可能
有所轉變的，更別說得救了。如果我們渴望一段
真實的關係、永恆不渝的愛，我們只能設定一個目
標，就是為了自己的覺醒。只要活在小我思想體系
裡，我們永遠無法了解真愛，既給不出愛，也不懂
得接受愛。在解除充滿殺傷力的「特殊的愛」之
前，我們不可能在人生夢境裡體驗到愛的。人際關
係在我心裡只有一個目標，就是幫助我（和對方）
領悟到我們本是同一生命，而且所有需求早已獲得
滿全了。

改變人際關係的本質的唯一方式，就是讓聖靈接手

這段關係。只要我們全心信賴上述的目標，其他改變自會隨之而生。我們之所以渴望改變對方，只因小我相信分裂，深恐被人剝削。舉例來說，尼克和我之所以能不再吵架，是因為他感覺到他可以自由地活出他本來的樣子，不再擔心被我挑三揀四。為此，他對現況十分感念，也帶出了我內心的喜樂與感恩。

〈教師指南〉「教學的次第」中提到，最能讓我們成長的人際關係，可能也是最困難的：

> 第三種教學層次發生於一旦建立就會持續終生的關係上。在這種教與學的場景中，每一方都會得到一位特定的學習伴侶，他們為彼此提供的學習機會是不可限量的。這類關係一般來講比較少，因為這種條件意味著雙方在教與學的互惠關係上勢均力敵得近乎完美。這並不表示他們必然能夠體會到這一點，事實上，他們通常都不會。彼此也許會仇視好一陣子，甚至可能懷恨一輩子。然而，只要他們決心去學，最完美的課程已展現於他們眼前，而他們遲早會學成的。（M-3.5:1~6）

針對這一段發人深省的引文，我也問了諾可，神聖關係是否也是最難的人際關係？

是的，建立神聖的關係並不容易，只要我們對聖靈的信任日深，逐漸化解小我，平安是再自然不過的結果。我們在《領我邁向真實之境》書中提到化解小我與信賴聖靈的幾個重要因素。小我的特質之一是「錯誤的認同」，每個人心裡的「我」，都是由一套未經檢視的信念拼湊而成的，包括制約反應、身體形象、個人過去的經驗、人類共有的信念和價值觀、利益、興趣等等。然而，這些信念與價值其實沒有任何意義，也不是真正的「我」。在化解這些錯誤認同之前，我們不可能了解真正的自己。也就是說，戀愛中人感受到的並非愛，而是愛上對方在自己心中的形象，他的形體、信念、興趣、小我的價值觀，並非真正的他。我們看不見彼此的真相，只是愛上一個不實的幻影。

我和湯瑪斯墜入愛河時，愛上的正是彼此小我的特質。我們花了好多年才化解這些執著，明白那不過是上主之愛的替代品。我倆的關係由特殊轉為神聖的那段日子真是難受極了，因為虛假的自我正在崩解，簡直是判定小我死刑。我們後來才明白，我倆原本認為的「愛」只是小我的悸動，而我們同時上癮了！要戒斷這個癮頭，當然不好過。

我學到的是，只需修正自己的看法，就能將人際關

係轉為神聖關係，完全不需要另一方的參與。只要眼光獲得修正，我所有的人際關係便獲得了寬恕，不再批判，神聖關係由此誕生。只有一個心靈需要療癒，那就是我自己的。人際關係的外在形式，在獲得療癒之際可能有所轉變，但並非所有獲得療癒的關係都必須改變形式。「錯誤的自我認同」一旦解除，當初的因緣很可能不再足以維繫這一關係。以我們的情況來說，撤除了錯誤的認同之後，我們這才突然「看見」了對方的真實面容，在彼此身上看到那不為世間一切所動搖的神聖本質。我們得先學會「不設防是我的保障」的本領，才可能看見神聖的大愛。

透過親密關係，我才明白，別人或外境能讓我心煩到什麼地步，便意味著我還有多少罪咎仍壓在潛意識裡。潛意識的罪咎是我們此生的「苦難因子」，這苦難之根從來不在身外，卻是最容易在親密關係裡發作現形的。表面看來是某人讓我受苦，現在我明白了，我的妄心才是真正的罪魁禍首。小我總希望改造眼前的關係以滿足自己的需求，而聖靈卻致力於療癒我們的眼光，因這才是所有人類苦難的根本成因。

我繼續向諾可請教，《課程》對特殊關係和神聖關係的

看法，如何影響她養兒育女和家庭生活？

我想，我們百分之九十九點九，都是由活在特殊關係中的父母所養大的；也就是說，那肯定是「有條件」的愛，也使得「愛必須付出代價，不可能白白獲得」成了我們心裡根深柢固、無可動搖的信念。這種出自「被剝奪感」與「匱乏感」的小我思想體系，從無始以來代代相傳，經過人類歷史的推波助瀾，在我們心中早已成為天經地義的事實。

早在兩千年前，耶穌就教我們如何超越二元對立的局限，但我們很快就掉回小我「要怎麼收獲就怎麼栽」那一套因果與獎懲法則。我們承襲了一套未經質疑的信仰和價值觀，當作真理一般傳給子子孫孫。我們以愛為名，卻是為恐懼現身說法，比如說苦口婆心地開導孩子：「這年頭，你起碼要有大學學歷才能見人。」我真想罵一句粗話：「鬼扯！」

自從我們願意將親密關係轉為神聖關係之後，我們與女兒的關係也有了明顯改變。

我們終於明白，過去的教養方式多半不是出自愛，而是源於恐懼。我們之前熱中於「愛的形式」而忽略了愛的實質內涵。舉例來說，我們認為瑞琪該讀我們供得起的最好學校；無論她有沒有興趣、精神

好不好，我們都認為她非得把功課寫完才行；即使她生性內向，我們還是覺得她該活潑一些。唉，我們有這麼多「認為」……

我們還真以為自己多活了幾年，就比孩子更有智慧，這，實在荒謬！

理解親子關係的本質之後，才慢慢看清，她才是教我們人生功課的老師，我們卻是很不受教的學生。現在我們才知道神聖關係的實質內涵是透過寬恕、柔軟、誠實、不設防、靈性平等無別和信賴，把愛推恩出去。我們之前的教養卻忽略了這些特質。

現在，女兒是我們最好的朋友，她在靈性上與我們平等無別，如果能從頭來過，我們會以推手而非父母自居，鼓勵她以自己的方式活出內在的神性。表相層次上，身為父母的我們，在這人生夢境裡確實見多識廣，可以傳授一些人生經驗，除此之外，任何區分都可能是小我的自我膨脹。

我還想知道，諾可和湯瑪斯身為奇蹟教師，他們認為奇蹟學員在學習《奇蹟課程》的人際關係時，最常見的挑戰是什麼？

最難的一關是，小我會只在頭腦的層次上讀《奇蹟

課程》，並且拿裡頭的大道理去修理別人，尤其是親密關係的那個冤家。我們都曾經歷過這一階段，拿《課程》修理彼此，寧願自己是「對的」也不要幸福！我們想用《課程》來操控對方，覺得自己修得比對方好，這就是小我玩的靈性把戲。要等到靈性成熟之後，我們才會珍惜與他人在心靈層次真正的「結合」，即使我們不見得認同彼此的行為。

自我批判則是另一個常見的陷阱，在覺醒的過程中，我們會經歷〈教師指南〉所提的信賴的六個階段。一開始，最難寬恕的是過去的人事物。隨著信賴的茁壯，小我的防衛漸漸消融，我們開始面對內心更深沉的不寬恕與罪咎，就是對自己的批判，那其實是我們對上主（愛）的恐懼。小我利用自我批判作為鞏固分裂的利器，我們若看不清它的虛幻，就會沉溺其中。小我假意謙卑，骨子裡卻是自我批判，這是我們必須放下的最後一道防線，因為唯有拋開它，我們才可能體驗到上主的真實力量，不再對愛設防，不再恐懼失落、死亡之苦，不受它們莫名的牽引；這表示我們此時此刻再度「重申」與生俱來的神性。這是小我最害怕的想法。

以寬恕來解開自我批判的束縛，其重要性一點都不亞於寬恕他人，也是開啓神聖關係的契機。如果我

們無法寬恕對自己的批判，不僅會轉為對自己身體的攻擊（疾病、意外與死亡），還會投射到他人身上，以及看似掌控我們的外境。

根據我們的經驗，人要嘗盡了苦頭，才聽得進《課程》這一套道理。就算是「讀」了好幾年《課程》的老學員，仍緊抓著特殊關係不放，即使它讓我們飽受痛苦，比起特殊關係轉為神聖關係之後，我們所擔心的失落和犧牲，似乎尚可忍受。這正是耶穌在《課程》中說的「對愛的恐懼」，我們通常得經歷很大的挫折及幻滅，才會死心，揚棄自身的信念和價值觀，向內心本有的「愛之記憶」開放。

也有人將「活出神聖關係」當成一種理想境界來追尋，然而，只要一有刻意「聖化」親密關係的企圖，就難免落入「改變別人」的陷阱。另一種情況是，有些單身的人會拿這一套來自我攻擊，誤以為自己沒有親密關係，便失去了成就神聖關係的寶貴機會。事實上，神聖關係只靠自己一人，你隨時都能與眼前每一個人，甚至過往的人事物建立神聖關係，因那只關乎你眼光的療癒。總而言之，除了你，這裡沒有別人！

如果《課程》對人際關係的論點發揮不了作用，通

常是因為你依舊相信痛苦來自心外，也許是過去的某人，也許是自己的身體，也許是惡劣的環境，甚至是無情的上帝，就是不願承認痛苦出自你分裂的心靈。只要你還緊抓著小我的解決方式不放，你是不可能治癒人生那唯一苦因的；只要還沒苦夠，人也一定會想盡各種手段來改善自己的夢境，根本不想從夢裡醒來。

重點摘要

《課程》對「特殊關係」的觀點，無疑地，對大多數讀者是一大挑戰，因它好似一再貶抑人們視為幸福之源的親密關係。但是，只要我們正視「特殊關係」的本質，便不能不折服於《課程》的論點——看透「特殊關係」之所以百病叢生的根源，正因它那虛妄卻又緊緊牽動人心的前提；它假定我們都是活在肉體內的生命，在有限的一生中，必須滿足一刻不止的需求，彌補先天的缺陷，維護時時受損的自尊。

既然生下來就有缺憾，我們不能不「依賴」其他

人──父母、手足、朋友、同事，尤其是戀人和配偶，來彌補我們自認失落的一切。從《課程》的角度來看，這種依賴勢必會把自我憎惡投射到別人身上，要他們代我們履行那不可能完成的生命改造工程；而這一期待，註定要落空幻滅，最後徹底對「真愛」絕望。

《課程》和一般婚姻或家庭諮商大不相同，它要我們認清事實：我們既不孤單，也非禁錮於這具有限而註定死亡的身體內；認出我們永恆的靈性本質，進而發現自己一無所缺。認清真相之道，關鍵乃是寬恕，並且就從那些看似傷害了我們、讓我們心寒的人開始。最終，我們會明白，原來是自己在利用這些人事物來逃避內心深處的自我憎恨。

我們愈能夠原諒別人和自己，就愈接近「神聖一刻」，也愈加不受物質與時空的表相所限而認出我們的靈性本質。在那療癒的一刻，我們會體驗到「我們真的是同一個生命」──這句話絕不只是一套人生哲理而已。在這一體驗的祝福之下，先前的「特殊關係」於焉轉為「神聖關係」，從此，我們不再投射自我憎恨，只會把愛推恩於人，上主永恆的愛也自然而然洋溢於我們心中。

第三篇
跋　涉

9 寬恕罪過，解開心結

你有多大的誠意寬恕你的弟兄？你對平安（而非那無止境的衝突與痛苦）懷有多大的渴望？這兩個問題其實是同一問題的不同問法而已。寬恕乃是你的平安所在，因為它能為你終結分裂之境，危險、毀滅、罪惡與死亡之夢，以及瘋狂、謀害、悲痛與失落之夢。（T-29.VI.1:1~4）

　　我在第五章「寬恕之始」提過，《課程》談的寬恕無關乎任何宗教或道德教條，它純粹屬於形上層次。透過寬恕，我們一點一滴學習看穿令人痛心的幻相，進而逐漸看破所有的幻相。我們之所以寬恕，不是為了赦免某個過犯或放誰一馬，而是踏出第一步，認清自己攻擊與受害的慣性和信念。總有一天，我們會明白自己是百害不侵的靈性生命，而不是這一具不堪一擊的身體，徹底從這類念頭、感覺、知見及信念解脫出來。

　　但是，大多數人開始寬恕的下手處，往往不是從我們認

定「世界和自身都確實存在」的幻相中試求解脫，如同〈練習手冊〉第一百三十二課所說的「把世界由我所認定的模樣中釋放出來」。我們多半是因為長期感受到某種深沉的苦悶，妨礙了未來的發展，造成親密關係的隔閡，生命活力一點一點消耗殆盡，才意識到自己需要寬恕。我們多少覺察到了，不肯原諒別人無異於自我凌遲的無期徒刑。被當作政治犯而囚禁了將近三十年的南非領袖曼德拉說：「怨恨就像毒藥，喝下的是我，卻希望被毒死的是他。」

〈練習手冊〉第四十六課「上主是我得以寬恕的愛」首次提出寬恕他人的具體方法：

> 今天至少需要正式練習三次，每次整整五分鐘，「短式」練習則多多益善。「長式」練習照舊先複誦一下今天的觀念。閉起你的眼睛練習，花一兩分鐘的時間往內心搜索一下自己尚未寬恕的人。不用追究自己尚未寬恕他們到「什麼程度」。反正你不是全面寬恕他們，就是根本沒有寬恕。

> 只要練習得當，你應該不難找出幾位自己尚未寬恕的人。最保險的方法是，凡是你不喜歡的人都是最佳的練習對象。一一指出他們的名字，並說：
> **上主是愛，在愛內我寬恕你，（人名）。**

　　老實說，我幾乎不認為《課程》有幽默感，但第一次讀到這段時，我忍不住大笑了，因為它說「只要練習得當，你應該不難找出幾位自己尚未寬恕的人」，我很驚訝此書竟然這麼了解人性，但不到幾秒，我隨即意識到，這句話不正是衝著我來的嗎？我很自然地認為大多數人都不會輕易寬恕的，但我自己呢？我一向自認為比大多數人好得多。就在那一刻，我頓時看清，我認為別人不寬恕的這一念，豈不是在批判我根本不認識的一群人！看來，我的寬恕還有好長一段路要走，至少比我敢承認的多得多。（從此，我再也不覺得這一課有什麼好笑的了）

　　很快我就意識到，自己這種好評斷的作風和母親簡直如出一轍，她總覺得誰都對不起她。正如我在第五章提過的，我直到後來才明白她始終走不出昔日傷痛的陰影，而且還不只這一生的傷痛。倘若我想要寬恕自己生命中影響最大的人，首先得看出，儘管她確實曾當眾羞辱過我，其實是身不由己的。是的，她，對我和對其他人一樣，從沒給過好臉色，這不過是出於潛意識的自我防衛罷了。一旦明白了她的攻擊並非故意，過去認為「她傷害了我」的整套觀念也就開始動搖了，隨之，我也才慢慢掌握《課程》最難的觀念：

> 寬恕就是認清了，你以為弟兄做了對不起你的事，
> 其實不曾發生過。寬恕不會因為原諒他人的罪而反
> 倒把罪弄假成真。它在其中看不到任何罪過。而你

自己所有的罪過就在這一眼光下一併寬恕了。罪是
什麼？它不過是對上主之子的一種誤解罷了。寬
恕，不過是看清了這一誤會而放下它而已。上主的
旨意也因此得以自由地取代那個誤解了。

（W-PII.一.1）

我愈來愈不敢確定自己真的受到虐待，那些痛苦的記憶
也不再那麼苦澀而充滿憎恨。我逐漸看清了，那些記憶讓我
苦不堪言的唯一理由，正是因為我放任自己拿那些記憶來攻
擊自己，每攻擊一次，「我這輩子被她毀了」的想法就更為
鞏固。只要想起自己的童年是如何被冷落、如何被喝斥，我
就等於把那幾年的折磨和恐懼延長至此時此刻。即使她現在
什麼也沒做，然而所有過去做的或沒做的全都不斷在我腦袋
裡重播，且愈播愈真實，說不定我自己還任意加油添醋。最
後，實在說不清究竟是誰虐待了我。

第四十六課接著串起「寬恕別人」與「寬恕自己」兩個
觀念，它要我們指名道姓地說出有待寬恕之人，然後繼續下
列的練習：

今天練習的第一部分，目的就是給你一個寬恕自己
的機會。當你把這觀念套用在你想起來的所有人身
上以後，便向自己說：

上主是愛，在愛內我寬恕了自己。

然後把剩餘的時間，多練一些相關的觀念，如：

上主是愛，我以上主之愛來愛自己。

上主是愛，我蒙受祂聖愛的祝福。

請務必留意，《課程》從沒有教人為了自己設定的某個理由而寬恕，寬恕只能立足於「上主是愛，在愛內我寬恕了自己」的體悟。若非這一超然的力量，我們是寬恕不了的，為此，寬恕不再是艱苦而孤獨的歷程。只憑小我本身，我們寬恕的格局必然十分狹隘，我們往往將傷害或辜負我們的人先行定罪，然後再自恃為德行高超來赦免對方。《課程》認為這種「寬恕」無異於變相的譴責，唯有放下「我們受了傷害」的念頭，才可能真正寬恕；也唯有徹底解脫這種受害心態，才可能快樂起來，才有力量消融未來可能面對的一切傷痛與失落。

不消說，這是一項艱鉅至極的任務。要徹底原諒他人的罪過，得先解開緊繫在自己心裡的死結。對許多人來說，這些心結早已化作性格的一部分，甚至成了成長的主要障礙。試問，世間有多少人困在自己的所愛、所恨、所懼裡，一輩子動彈不得！

在本章的後半，我要引用三位學員面對寬恕挑戰的心路歷程。其中兩位突破了寬恕的瓶頸，另一位談的則是始終揮之不去的心結。無論終究是否寬恕，我們都能由他們的現身

說法感受到，只要是人，想要徹底拋開「自認為受傷」的信念是多麼的困難。推到究竟，全人類都承載了同一創傷，發現自己落入一個充滿苦難、失望與不公的無情世界。除非我們能認清所有的痛苦全都源自「這些攻擊全是衝著我來」的信念，才可能明白《課程》所說的「這些幻相全是我們為自己打造出來的」：

> 你心中早已認定，是那個可怕的世界，那哀傷、殘暴或瘋狂的世界，讓你感到焦慮不安。其實，它那些特質都是拜你所賜。世界本身是不具任何意義的。（W-12.1:2~4）

釋放致命的怨尤

卡蘿·莫納漢和她口中「這輩子最好的朋友」結縭十一年，一個晚上，她被十四歲女兒房門開開關關的聲音給吵醒。她下床查看，驚駭地發現丈夫正在猥褻女兒。那一夜，她和兩個孩子躡手躡腳從窗戶溜出去，再也沒有回頭。沒多久，她知道原來這檔事已經持續了好一段日子，兩個女兒無一倖免。她才明白，原本她以為再正常不過的婚姻關係只是自己一廂情願的幻想。長期以來，她自覺一無是處，卻助長了丈夫的氣焰和優越感而不自知。

卡蘿十分憤怒，好幾年來，各式各樣的復仇計畫在她腦海裡不斷翻騰，她回想時說：

> 我並不是真的想罹患絕症，但我想過，要是得了不治之症，我要他跟我同歸於盡。我不能因為殺他而坐牢，否則孩子沒人照顧。但是，如果我快要死了，一定要他死在我前頭。

過了好多年，卡蘿才接觸到《奇蹟課程》的寬恕觀念，又折騰了好久，她才慢慢理解寬恕的意義。她坦白承認：

> 我長期陷於憤怒裡，寬恕對我毫無意義，憑什麼要我寬恕？作孽的人本來就該受罰，讓他們死掉還真是便宜這些人了。

卡蘿最初是從瑪莉安·威廉森的演講錄音帶聽到寬恕的觀念。瑪莉安因1992年出版的暢銷書《愛的奇蹟課程》而成為奇蹟名嘴。

> 我聽了整套演講錄音，很不喜歡她說的那一套，尤其是「有些人來到你的生命，不過是為了幫助你學會某些功課，達到目的後，他們就會離你而去。」這種說法令我憤怒不已，我才不想放走這些人，他們既然進入我的生命，就該陪我一輩子！所以，我把整套錄音帶都扔了。

　　那時卡蘿已經買了《奇蹟課程》，但覺得這書太像《聖經》，便一直擱在書架上。然而，接下來她所接觸的，無論是蓋瑞・祖卡夫、韋恩・戴爾，還是大衛・霍金斯的作品，都再三提到《奇蹟課程》。大衛・霍金斯在《心靈能量：藏在身體裡的大智慧》（*Power vs. Force*）將靈性覺醒分為不同的層次，他尤其推薦《奇蹟課程》，認為此書是提昇人類意識的利器。於是，卡蘿在2005年重新翻開塵封已久的《課程》。細讀兩次以後，卡蘿決定在她家附近成立一個讀書會，每週聚會一次，至今已經好幾年了。

　　卡蘿感謝《課程》一點一滴將奇蹟的寬恕觀念「滲透」到她心裡，憤怒不再如往昔霸佔她的人生：

> 現在我比過去開朗多了，不再那麼恐懼，批判也少了，不再那麼容易生氣。以前的我，一生氣就停不下來，而且非讓每個人知道我在生氣不可。

　　另一個重要的轉變是，她對於和前夫的過去有了不同的看法：

> 離婚後，我把過去的生活錄影帶和幻燈片全都打包，再也不想去看它們，但那是屬於孩子們的記憶，所以並沒丟掉。三年前，我為孩子準備聖誕禮物，打算把錄影帶和幻燈片都轉成光碟，送給孩子留念。在轉檔時，我也順便看了不少片段，那是幾

年來第一次看到前夫的模樣。我記得自己跟好多人
說過我根本不愛這男人，和他結婚只是圖個方便。
看到這些片段，想起自己確實愛過他，畢竟我們有
過一段美好時光。我也看出那些惡行是怎樣蓄養出
來的，明白了當時的他是怎麼勉為其難地應付艱辛
苦澀的挑戰。

這並不表示卡蘿已經忘記了過去的慘痛經驗，也不意味
她當初無需帶著孩子逃家：

如果沒有勇氣面對現實，還繼續和他在一起，任由
他對孩子上下其手，我真不敢想像最後會落到什麼
下場。至少，這件事逼著我不得不成長。正如《課
程》所說的，凡事都有其用處，即使過程中我們要
受點苦。事實上，我們不會從圓滿成功的人生學到
太多，真正教導我們的正是這些苦難折磨。

至於那個讓她難受之至的瑪莉安・威廉森，現在卡蘿開
始看出這個觀念的用途了：

無論何時何地遇到何人，他就是當下最完美的教
師。我們通常認定是別人的作為才讓自己不安，用
這樣的邏輯去思考、去反應、去看，一定會覺得
問題全出在別人身上，而這世界也一樣千不該萬不
對。話說回來，我自己心裡那一套規則認為別人應

該如何如何，別人心裡卻有另一套準則，兩者可能
天差地別。從《課程》的觀點來看，我們每個人的
功課表面看來不同，但最終都是要認出我們原是一
個生命。

切斷鎖鍊

約翰‧克洛帝是紐約一名保險業主管，下面這段經歷經
由他首肯，摘自他正在寫的一本書，述及他此生幾個重要的
寬恕功課。約翰提到那個震撼全世界尤其震撼美國的九一一
事件對他所造成的心理創傷，是如何地難以釋懷：

我從1999年開始讀《奇蹟課程》，它所談的真寬恕
對我始終是很大的挑戰。它好似一把鋼鋸，要鋸斷
那一直纏繞著我的怨懟鎖鍊，我也慢慢試著用它一
環一環地鋸開我的心鎖，只有一件事，我始終斷不
斷，就是九一一事件。

我的辦公室原本在紐約世界貿易中心第二大樓的一
百零二樓，直到九一一的前一年，我才離開那裡。
我和那裡的同事及朋友一直都保持密切的聯繫。其
中一位，鮑勃‧米勒，和我特別親近。他聰明過

人，總是輕聲細語，個性溫和。

九月十二日上午，他的名字出現在「失聯名單」。我沿著郊區的綠蔭街道開車到他家，停在附近。我知道他平時坐哪一路公車，從後照鏡裡盯著他平常下車的站牌，在那裡等著。只要聽到公車駛近，我就屏住呼吸，往後照鏡看。可是，他沒有下車。

沒多久，他的親友從我的車旁走過，拿著蛋糕敲他家的門，他的家人聚在一起等待消息。雖然一個人枯等很難熬，但我始終沒有加入他們，只是眼巴巴地望著一班又一班的公車過去。最後，我穿過街道，到他家門口。鮑勃的妻子前來應門，他年幼的女兒從媽媽身後探出頭來偷看，期望有好消息。她倆盯著我，希望能聽到任何與鮑勃有關的事。我的資訊極其有限，還不如回家，在家裡，我至少還能拚命打電話給同事探聽消息。

我把一百零二樓失聯的朋友列了一張表，隨時加入最新訊息，劃掉再也聯絡不上的人，加上新的名字。表格更新的速度漸漸變慢，不久後，鮑勃和另外十一個同事及朋友都被確認死亡。接著是喪禮。每參加一個告別式，我對恐怖份子的憤恨就升高一層，我心裡愈鎖愈緊，好似即將爆發的火山。

幾年過去了，憤恨的火山不再沸騰，而是暗暗悶燒著。我決定舊地重返，當個好學員，設法練習寬恕。第一站是與世貿大樓隔了一條街的三一教堂，九一一之前，我常利用午休時間到三一教堂，坐在那裡，看著中午的陽光從彩色玻璃透進來，照在教堂長椅上，光塵交織，令我目眩神迷。

我舊地重遊的那天，天空陰陰的，不像九一一當天那麼藍，厚厚的積雲向東北方捲去。雲層的陰影透過彩色玻璃籠罩了一大片，我心想那該是九一一早上的寫照，那天爆炸激起的塵埃不是也遮住了陽光，讓祭壇陷入了黑暗？

風琴奏出進堂的音樂，我坐在那兒，望著七彩玻璃上的雲影游移，直到彌撒結束。天空亮一陣又暗一陣，交替變化著。結束後，我頂著風向北走到百老匯，到昔日午休時經常造訪的另一個聖殿——聖彼得教堂。世貿中心第一大樓留下的巨大十字架形之鋼梁殘骸就豎立在教會的南邊，是救援人員在瓦礫堆裡挖出來的，自此成為重建與希望的有力象徵，或許對某些人還象徵了寬恕。

我繼續往北走，那是當天早上倖存者找路回家的路線。我在一個街角站著，人來人往，好似那天身上

蒙著一層灰的倖存者。我悠悠晃晃地跟著幾個人前進，走到重建現場，工人正忙著搭建「自由塔」。2001年布希總統曾在這裡發表演講，手裡拿著擴音器：「我聽得到你們，全世界都聽得到，撞毀這棟大樓的人很快也會聽到我們。」

當時，我愛死這幾句話了。這段話彷彿具有魔力的號角，將我的恐懼化為對兇手的仇恨。光是想起這段話，就足以讓我更堅定地站在復仇者那一邊了。

我站在現場向南望，一棟熟悉的建築抓住了我的目光，信孚銀行大廈掛著黑幔，猶如遺孀朝著世貿大樓的廢墟默哀，這棟樓也在無法修復的待拆之列。

我開始幻想一幕報復的畫面：

哈立德‧謝赫穆罕默德和奧薩瑪‧賓拉登被押解到紐約受審，十二名陪審員認定他們有罪，我奉命為行刑的劊子手，決定在信孚銀行大廈執行死刑，大廳裡擺滿了三萬多噸航空用油，引線和炸藥都安置妥了。

行刑期至，人群聚集，直升機將我和囚犯載到屋頂上，我身穿黑袍，在萬里無雲的藍天下大聲宣讀他們的行刑令。他們眼底充滿了驚恐，和當初我那些

葬身火窟、不是被壓死就是跳樓的朋友面臨同一命運。

我的直升機離開屋頂，在空中盤旋，眼看著他們在屋頂驚惶地尋找逃生梯。九點零三分，也就是世貿第二大樓遭到攻擊的同一個時間，我按下引爆按鈕，大樓塌陷，群眾歡呼，爆炸的濃煙厚塵再度流竄到紐約市中心的大街小巷。

下方歡慶的人群在街上跳舞，向高處的我用力揮手。直升機旋翼吹散了周遭的煙灰，此時，廢墟裡突然冒出一個鋼樑，恰恰是十字架的樣子，和聖彼得大教堂的一模一樣。……

聖靈像不速之客打斷了我的幻想。我搖搖頭，回憶剛才那一幕，難為情地笑了，為自己的無法寬恕感到羞愧。那些灰頭土臉的倖存者又成了下班的行人，我走進人群，和他們一起回家。

在公車上，我知道待會兒要經過鮑勃那一站。接近他家的街口時，我閉上眼想像鮑勃就坐在前面的座位，伸手拉鈴讓司機停車。我把臉貼著玻璃窗，呼出來的氣息讓眼前一切變得迷濛。我們經過他的街，但是，沒有人下車。

我忍著不讓淚水流下，如果鮑勃知道我正在試著寬恕，他會怎麼想？肇事者毫無悔意，我竟想寬恕他們，鮑勃會同意嗎？他會覺得我背叛了他嗎？

一回到家，我倒頭躺在床上，渾身無力。頭上書架有一本被我翻爛了的《奇蹟課程》，我百般不情願地拿起它，打開第一頁，希望得到一些答覆。入眼的第一句話是「奇蹟沒有難易之分」，一個聲音在我的腦海裡低聲回應：「寬恕也沒有難易之分。」

但是，我的挫折感仍在蔓延。我闔上書，在心裡回話：「對祢，也許沒有難易之分，但對還困在戰壕裡的我，是很難很難的。」我深深地吐了口氣，閉上了眼，意識開始漂移，希望明天醒來時是光明燦爛的一天。明天，我會試著化解心鎖的另一環。那個也許容易一些。

「祂愛我之深如同祂愛自己」

接下來這封信，是一位在學院任教的詩人寫的，點出了《課程》如何不直接教人寬恕，卻仍能傳遞出寬恕的精髓：

成年之後，我千方百計想釋放童年時父母酗酒以及

酒後打我的痛苦記憶。十五年了，每個星期總有幾次我會半夜驚醒，想起那些受虐的往事就怒火中燒。為了發洩，有時我會氣到捶打枕頭或床墊，但更多時候，我只是坐著哭泣。

小我最喜歡再三重播的記憶，就是媽媽說的那一句話。我們全家去旅行，租了一台廂型車，但租來的車座位不夠。忘了是哪一個姊妹提到，會有人不能繫安全帶，結果我媽媽說：「好吧，看誰的命最不值錢。去去去，艾琳，妳去坐地板。」

不用說，我花了很多年治療這一創傷。有一天，治療師聽我說起一個類似的回憶，她說：「嗯，也許有些事真的不可原諒。」一聽，我心裡起了一個很大的變化，我看著自己對這句話的情緒反應，靜靜地觀察自己的感受：起初，這種說法大快我心，甚至到了雀躍的地步，要是那個情緒會講話，它會說：「哈！真高興你生氣了！有些人確實只配得到你的輕蔑！」奇怪的是，幾乎就在同一刻，我發現自己害怕極了。我不知道為什麼「有些事真的不可原諒」的想法會嚇壞我，但我確實被嚇到了，我從來沒把這一感受告訴治療師。我為她的話糾結了好幾年，直到另一個體悟驚嚇到我：如果有些事真的不可原諒，那豈不表示我永遠不可能快樂了！

那些陰暗的回憶不再如以前每週造訪了，如今，我一年差不多只會驚醒五六次。它們發作的時候，我不想馬上練習寬恕，寧可耽溺在這些回憶裡自艾自憐，直到痛得不能再痛為止。然而，治療期間的領悟讓我知道，這些抗拒其實是一種自我保護。不是說我不想寬恕，而是我怕我做不到。我怕自己真的無藥可救，寬恕不了，我怕自己永遠快樂不起來。

為了中止這種自暴自棄的傾向，〈詞彙解析〉結語的這幾句話對我的幫助很大：

可別忘了，這旅程一旦展開，結局就已成定數。一路上，你的疑慮難免此起彼落，周而復始。然而，結局已定。沒有人會完成不了上主指派給他的任務。當你忘卻自己的任務時，請記住，有祂伴你同行，祂的聖言已銘刻在你心上。……雖然絕望的幻相仍會不時來襲，但你已學會不受它們的蒙蔽。每個幻相的背後，就是實相，就是上主。……你在此是異鄉的過客。但你原是上主的家人，祂愛你之深如同祂愛自己。（C-結語.1:1~5,7;2:1~2）

前半段讓我知道，我不可能學不會寬恕的，不可能的！就算我陷入小我心態，好似不甘寬恕，但所有抗拒都是無效的，它不過是另一個有待寬恕的錯

覺。這讓我不再老是為了自己的抗拒而自責，也不會因為自己還在抗拒、還陷於這些悲傷的記憶中，而認定自己是個差勁的奇蹟學員。

後半段的說法令我深思，那是奇蹟學員很少觸及的觀念「上主愛祂自己」。對我來說，這是《課程》相當重要而且獨特的靈性教誨。當我聽到自己說「祂愛我之深如同祂愛自己」，這個觀念深深震撼著我。夜深人靜，我又與陰暗的記憶角力時，只要讀到這段話，我會看到自己就像俄羅斯娃娃，真正的我仍安歇在完整無缺的愛裡，這是一種深愛自己的大愛。我好似藏身於愛之繭內，無論那些回憶多麼不堪，我仍與上主同在！

為了加深我與神同在的體驗，睡前我會讀這一段：

雖然你的心靈已被疑慮及罪咎所蒙蔽，但請記住一點：上主賜給了你聖靈，且命祂為至愛的聖子撤除他自找的罪咎和疑慮。這一使命永不敗北。（T-13.XI.5:1~2）

這一段話提醒我，這些記憶並不是來騷擾我的，而是被聖靈帶回心靈來接受療癒的。就算同樣的陰暗記憶又來叩門，也不表示我的寬恕失敗了，而是祂給我另一個機會，在更深的層次寬恕，直到一層一

層的內疚被洗滌盡淨為止。只要記得這一點，我便不容易被小我誘惑，不斷利用那些記憶來定父母的罪。上主愛我的父母一如祂愛我，而祂愛我之深正如愛祂自己。想到祂的愛是如此徹底的涵容一切，我就很難再把父母看成有罪之人了。

我的感念之心油然而生，父母給我的人生功課幫我體悟出靈性真正的自由，學會不被我們一起編織的受虐噩夢所困，憶起了我們都是愛。

重點摘要

《奇蹟課程》告訴我們，寬恕是看穿人生種種顛倒夢想的不二法門；透過寬恕，我們終於接納自己真實的靈性生命，也就是完全超越一切物質能量、超越個體生命的永恆之愛。但是，對大多數人而言，寬恕絕非形上理念，而是個人最大的挑戰。面對那些看來真的傷了我且讓我困鎖一生的人，要放下對他們的怨恨，簡直比登天還難。雖說只要是人，任誰都不免有受害感，但我們卻每每陷於層層心結，認為別人對自己造成的創傷是獨

一無二、前所未有，而且永遠不可能癒合的。尤其是歷盡滄桑、心懷大痛的人，更難接受「寬恕可帶來療癒的效果」，寬恕對他們而言，無疑是可怕而艱鉅的挑戰。

　　一般來說，已經準備好接受《課程》寬恕法門的人，必定會意識到，長期的怨恨早已腐蝕了自己的親密關係，抑制了生命潛能；明明是他人的過犯，最後卻成了自己心裡難以癒合的傷疤。若要移除這些成長的絆腳石，我們必須先放掉自己對他人經年累月的指責。為了幫助學員跨出這一步，《課程》特別強調，「寬恕自己」是所有寬恕的根源；若要寬恕自己，必須接納愛才是自我意識的核心，而非恐懼和憤怒。無論我們多麼想要找藉口，證明自己受到的傷害和限制都是真實的，終究來講，選擇寬恕才是促進生命成長、帶來人際和諧的幸福之鑰。

10 看清身體的意義

身體是美妙或醜陋，是安詳或蠻橫，是有益或有
害，全憑你如何發揮作用而定。你如何看待別人的
身體，就會如何看待自己的身體。（T-8.VII.4:3~4）

對大多數的奇蹟學員而言，要將《課程》的身體觀落實
在生活中，可說是最困難、最棘手的一堂課了。的確，玩味
「身體並不真實」的哲理是一回事，而我們的意識卻時時刻
刻把這一具身體認定為「自己」，無疑的，這又是另一種功
課了。

以我坐在電腦前寫作為例，照理說，整個創作過程是在
頭腦裡進行的，但身體其他部分的狀況究竟成為創作的助力
或阻力，全憑我當時感到疲倦或精力充沛而定。餓了嗎？該
起身走動一下，還是定下心來再多寫一點？我一生病就渾身
不對勁，健康時則充滿能量，做起事來效率驚人。無論從哪
個環節來看，我的心靈似乎無時無刻不在依賴身體，向身體
索取能量，乃至於透過身體展現個人特質。

然而，《奇蹟課程》一再提醒我們，心靈絕不是由身體衍生的副產品，對身心從屬關係的錯誤認知，不僅違反了事實，更嚴重地限制了我們的自由與力量。〈練習手冊〉第一百九十九課「我不是一具身體，我是自由的」，清晰描述了身體造成的困境，同時也提出解決方案：

> 只要你還把自己視為一具身體，你就絕不可能自由。身體即是限制。想在身體內尋找自由，無異於緣木求魚。只要心靈不再把自己當成一具身體，甘受它的束縛和庇蔭，它就自由了。如果心靈真得靠身體的庇蔭，那它真是不堪一擊。（W-199.1）

> 你若想在此課程中進步神速，不只應接受今天的觀念，還要無比地珍惜才行，這是練習的關鍵。即使這一句話在小我眼中簡直是精神錯亂，不必擔心。小我對身體也是無比地珍惜，因為它以身體為家，自然會與它所營造的家相依為命。身體本身即是幻相的一部分，它還會掩護著小我，讓它無從看出自身的虛幻。（W-199.3）

〈練習手冊〉另外一處指出身體的本質猶如夢幻泡影：

> 身體只是一個夢。就像其他的夢一樣，有時呈現出歡樂的畫面，轉眼之間又會變得十分恐怖；所有的夢都是由此恐懼而起的。只有愛能在真理中創造，

而真理中沒有恐懼。身體既是為了讓人害怕而形成
的，它必須恪盡其職。然而，身體原有的指令是可
以改變的，只要我們願意改變身體在我們心中的目
的。（W-PII.五.3）

《奇蹟課程》深知，即使我們質疑身體的真實性，身體
也不會就此消失，「改變身體的目的」才是修持的重點：

身體只代表你在物質世界的一種經驗而已。它的能
力確實常被人高估了。然而，也沒有人能夠否認
它在世間所占的一席之地。想要否認身體的人，
他所行使的「否認」能力是最不值得的。我之所以
說它「不值得」，是因為我們無需透過否認「非心
靈」之物來保護心靈。我們如果否定了心靈這種
不幸的取向，等於否定了整個心靈的能力。（T-2.
IV.3:8~13）

《課程》完全明白，對我們而言，身體是一個不容否認
的幻相，而這一幻相的力量其實竊自心靈妄造的能力——我
們誤以為自己的心識已經脫離了上主的天心，能夠為自己打
造一個個體的生命，而身體正是這個「個體生命」的證明。
這個錯覺是如此深植人心，因之，我們若否認身體的存在，
幾乎等於否定了整個心靈的能力。

《課程》對這一困境提供了解決之道：即使我們仍然有

此錯覺，也不妨為身體設定一個完全不同的目的，在那之前，我們最好看看自己究竟賦予了身體哪些目的。但要小心，當我們認為這些目的全屬天經地義之際，很可能渾然不察那是自己處心積慮的選擇。

疾病與攻擊

英國小說家托馬斯・哈代（1840~1928）曾如此沉吟：「何以啊何以，人類的心靈會跟自己這麼脆弱的身體，維持著如此親密、悲哀、感性卻莫名所以的關係？」沒錯，我們很難想像有人會對自己身體的外形、功能的變化，終身感到滿意。從出生到成年，我們一直不由自主地受到本能的驅使，既要解飢渴之苦，又要尋求庇護和舒適，追尋性的親密，創造下一個生命，建立某種程度的自衛能力。固然，身體帶來了強烈的感官之樂，讓能量彷彿達到巔峰狀態，但它也會遭受劇烈的疼痛或各種慢性病的折磨。即使我們渴望透過身體的結合來經驗最深的親密感，性慾帶來的麻煩卻和它所能承諾的極樂不相上下。畢竟，兩個身體共享片刻的狂喜，並不是天長地久的保證；而且，在親密關係裡，很難同時滿足情感與身體的需求，這是多數人心有戚戚焉的經驗。

為此，與其說身體是足以窩藏自我意識的安穩老巢，毋

寧說，我們日常感受到的身體更像是一個游離不定的活靶，根本無從安身立命。我們可以爲未來的健康幸福制定各種計畫，但一場意外或大病就足以打亂所有的安排。我們也可以孤注一擲改善外在的魅力，令青春永駐，拿身體作爲時尚潮流的實驗品，接受各種不尋常的飲食秘方和醫美整型。等而下之，我們還可以讓身體耽溺於各式各樣的癮頭，任由種種強迫行爲戕害自己。我們甚至會基於對身體的幻覺而自陷險境，比如厭食症患者千方百計從瘦骨嶙峋的身上除去最後一絲多餘的脂肪，不惜讓自己活活餓死。

根據《課程》的說法，身體之所以老出問題，正因它本身源自於一個病態的攻擊心念。事實上，身體一離開這個念頭，根本就不存在：

> 身體所代表的不過是「你視爲自己的那一小部分心靈」，與「眞正屬於你心靈的其餘部分」之間的那個間隙。你恨身體，但它又代表了你心目中的自己；沒有它，你等於失去了自我。這是你與每個決心要跟你分道揚鑣的弟兄之間所訂立的秘密誓約。每當你認爲自己受到了別人的攻擊，等於重申一次這個密約。除非你認爲自己受到攻擊，而且敗下陣來，否則你怎麼可能受苦？每個暗藏在意識層面底下沒說出或沒聽到的痛，其實都在向疾病示忠。它等於向對方保證，自己會受到傷害，但是自己也會

報復的。（T-28.VI.4）

> 疾病乃是你發洩在身體上的怒氣，你存心要它承受
> 你的痛苦。你的秘密協定所導致的這一後果是有目
> 共睹的，與他人暗自想跟你分裂而你也正想與他分
> 裂的願望正好不謀而合。（T-28.VI.5:1~2）

這兩段引文語鋒犀利，一語道破人類存在的兩大困局，
其一，表面看來，同類相殘勢不可免；其二，身體終究難免
於疾病的摧殘。這兩者其實是同一回事。人類與生俱來的憤
怒倘若向外發洩，就成了相互的攻擊；一旦轉而向內，則只
會讓自己生病。問題的根本在於我們對生命共有的錯覺，以
為自己是活在血肉之軀裡的孤立心靈。我們所有的脆弱和恐
懼、對彼此的憤怒，均由這一錯覺衍生而來。儘管如此，我
們仍不遺餘力地捍衛這個錯覺，甚至不惜用生病作為「抵制
真相的防衛措施」：

> 生病是出於你的決定。它不是不請自來、害你欲振
> 乏力且吃盡苦頭的意外事件。它是當真相乍現於你
> 錯亂的心中而使你的整個世界頓時搖搖欲墜時，你
> 所作的一個選擇，你所想出的一個應對計畫。此
> 刻，你若病倒了，也許真相會知趣地離開，不再威
> 脅你所營造的那個世界。

> 由此可見，身體比真理還強大，要你活下去的真理

戰勝不了你自取滅亡的抉擇。如此看來，身體也比
永恆的生命更為強勢，天堂比起地獄反倒顯得不堪
一擊，上主為聖子設計的救恩計畫就這樣被一個比
上主旨意還強大的決定推翻了。於是，聖子淪為塵
土，天父的生命不再完整，渾沌無明從此君臨天
下。（W-136.7,9）

　　一落入《課程》所指的「渾沌無明」裡，身體什麼事都
可能發生，它所承受的殘障和疾病折騰也勢必層出不窮。我
們一旦淪為肉身痛苦的俘虜，不可能不去探問病痛的來處，
設法消除病因，運用各種醫療技術緩解症狀。在新時代的圈
子裡，雖然也流行「心靈是一切疾病的根源」這種說法，有
時卻難免流為一種責難，比方說「癌症患者可能缺乏自我主
張」諸如此類的武斷之詞。

　　也有人將這一觀念反轉過來，試圖用心靈的力量療癒身
體，例如運用觀想、肯定語、祈禱等等，只可惜療癒成功的
證據相當薄弱。事實上，所有想證實「信念可以療癒身體」
的臨床試驗，到最後都只能歸結於所謂的「安慰劑效應」。
然就實際的成效而言，沒有人能找出穩定發揮這一安慰劑效
應的方法，而且，能長期透過心理或心靈力量治癒自己或他
人的案例也不多見。

　　《課程》毫不避諱心靈的力量足以克勝疾病，它在〈正

文〉第一章的第二十四條「奇蹟原則」中就說了：「奇蹟足
以幫你療癒病患，使死者復生，因為疾病和死亡既然出自你
之手，你必有能力消除它們。」但是，若真想運用此一原則
去治療疾病，其實恰好違反了《課程》的基本立場，我曾聽
聞不少學員嘗試之後大失所望的親身經歷。原因無他，《課
程》根本無意於改善身體的機能，因為身體的存在狀態全源
自於「一念之差」那種妄念：

> 身體並沒有什麼功能可言，這話一點也不假，因為
> 它本身不是目的。然而，小我故意把它定為你存在
> 的目的，如此才能掩藏身體的真正功能。小我所做
> 的每一件事都暗藏這個企圖。它唯一的目標就是讓
> 你忘卻萬物原有的功能。「有病的身體」這句話大
> 有問題。它之所以沒道理，只因疾病不是身體原有
> 的功能。除非小我的身體觀所根據的兩個基本前
> 提是顛撲不破的真理，疾病才可能成為天經地義的
> 事；那兩個前提即是：「身體是為了攻擊而存在」
> 以及「你是一具身體」。你若否認了這兩個前提，
> 疾病根本是不可思議的事。(T-8.VIII.5)

由此可知，縱使「療癒的奇蹟」是可能發生的，但它絕
非《課程》的宗旨所在：

> 奇蹟把恐懼之因交還給你這位始作俑者，但它同時

會幫你看清，既然後果才是構成緣起作用的要素，那麼若無後果，自然無法成因。後果一旦消失，起因便不復存在。奇蹟便如此療癒了身體，因為它讓你看到，疾病是心靈的傑作，只是讓身體充當代罪羔羊，承受它的苦果而已。然而，這只是一半的課程，你尚未學到全部。你若只明白身體是可以療癒的，奇蹟便發揮不了真正的作用，因為這不是它要教你的功課。它要你明白，心靈必然已經生病了，才會認為身體可能生病，因為是心靈把那既無因又無果的罪咎投射到身體上的。（T-28.II.11）

可確定的，《課程》的療癒邏輯並不是「相信心靈發明了某種疾病，因此可以藉著矯正心念來解除這一疾病」。反之，它說，疾病不存在，疾病和它所寄居的身體同樣虛幻不實，它們都不過是小我要我們相信自己真的已經與上主分離的另一伎倆罷了；而所謂「上主」，也僅僅代表著「我們原是純淨而永不枯竭的愛」那種真知悟境而已。所以，罹患了哪一種疾病並非重點，關鍵在於它提醒我們是如何錯看了自己。同理，身體健康也不是我們追求的目標，充其量，這只是反映出心靈運作得當而已：

向外追求本身即是生病的微兆：內心的平安才是健康的標誌。它能使你在缺乏愛心的外境中屹立不搖，即使是缺乏愛心之人也會因著你所接納的奇蹟

而獲得修正的機會。（T-2.I.5:10~12）

話說回來，《課程》完全明白我們深信自己只活在這具身體之內，所以並不反對我們向心靈以外之物尋求療癒，即使稱之為「怪力亂神」，也毫無責怪之意：

> 身體的疾病不過反映出病人對怪力亂神（magic）的信念罷了。……你若接受各種物質性的身體療法，就等於再次重申怪力亂神的運作原則。它犯的第一個錯誤就是：相信自己的疾病是身體構成的。第二個錯誤即是：它企圖用本無創造能力之物來治療身體。我並不是說，利用物質能力來達到修正目的本身是件邪惡的事。有時候，人心已被箝制於疾病的魔掌下，一時難以接受救贖之道。在這種情況下，最好還是利用身心所能接受的權宜之計，暫時相信外來之物具有療癒功能。（T-2.IV.2:7;4:1~6）

從《奇蹟課程》的角度來看，唯一徹底而毫無後遺症的療癒，非「救贖」莫屬了，「基督復活」所呈現的即是這一境界：

> 簡單地說，復活就是克服或超越死亡。是再度覺醒，或是重生，它顯示出心靈已經改變了它對世界的看法。復活就是接受聖靈對世界存在之目的所作的詮釋，它等於是親自接受了救贖。它結束了苦

難之夢，欣然覺醒於聖靈的最後一夢。它認出了上
主的種種恩賜。然而，這仍屬於夢境的範圍，只是
在此夢中，身體已能完美地執行它唯一的交流任務
了。（M-28.1:1~6）

身體存在的目的

如果我們不再用疾病來抵制「我們是無限而永恆的愛」
這一真相，所有的疾病便會不藥而癒。不過，這當中有另一
層的深意，因為《課程》特別提示說，這一療癒方式帶給我
們的，並不是一般人所期待的那一種「健康」。

當平安及真理取代了鬥爭及無謂的幻想時，療癒會
靈光一閃地劃過你開放的心靈。疾病再也無法掩飾
或保護任何黑暗的角落，抵制真理之光的來臨。你
夢裡再也不會鬼影幢幢，你的心也不再致力於那些
曖昧又無聊的追尋，神智不清地追逐自相矛盾的雙
重目標。於是，一向命令身體去服膺那些病態願望
的心靈，也就痊癒了。（W-136.16）

如今，身體已經痊癒，因為疾病之源願意解脫了。
你若明白了「身體不該有任何感覺」這一道理，表

示你練習有成。如果你練習得法，就不會有健康或生病，痛苦或快慰的特殊感受。你心靈不會對身體狀況作任何反應。身體只會繼續發揮它的功能，如此而已。（W-136.17）

也許你還未意識到，這會解除你以前因賦予身體的種種目的而構成的身體限度。你一旦放開這些限制，身體自有力量為那些真實而有用的目的效命。這才是徹底保證身體健康之道，因為它不再受制於時間、氣候，或疲勞、飲食，或你以前為它制訂的健康法則。如今，你無需作任何事情來維護它的健康了，因為身體在這種情況下是不可能生病的。（W-136.18）

然而，你必須時時覺醒，身體才會有保障。你若讓自己的心靈窩藏任何攻擊念頭，屈服於批評論斷，或是苦心策畫以抵制不可知的未來，你就會再度步入歧途，與身體認同；心靈一旦生病，身體便遭池魚之殃。（W-136.19）

你一覺察這一傾向，請即刻調整過來，別讓你的防衛心態繼續傷害自己。你也不再混淆了真正有待治癒的對象，你只需這樣提醒自己：

我已經遺忘了自己的真相，因我已誤把身體當成了

> 自己。生病乃是抵制真相的防衛措施。然而，我並
> 不是一具身體。我的心靈不可能發動攻擊。因此，
> 我也不可能生病。（W-136.20）

總而言之，療癒疾病最明智且最具體的方法，即是寬恕
自己的攻擊心態，以及寬恕他人在自己心目中所有的攻擊
行爲。如此，便逆轉了世界用身體作爲攻擊武器的一貫模
式——它的目的就是爲了鞏固分裂、生存的危機和脆弱感。
究竟而言，我們的寬恕，適足以表達自己不再認同眼前的世
界，開始接受一個更大的生命實相。這一全新的實相是《課
程》認爲唯一眞實的存在，也就是「萬物一體」：

> 你若把身體當作攻擊的武器，它對你就會百害而無
> 一利。你若能把身體當作一種媒介，向其他仍然相
> 信自己只是一具身體的人示範，身體不是攻擊人的
> 武器，你才可能看出自己心靈的大能。只要你把身
> 體純粹用於此處，它就不可能淪爲攻擊的武器。身
> 體若能爲合一之境效力，它便成了教導共融的美妙
> 課程；在達到共融境界以前，身體仍有存在的價
> 值。（T-8.VII.3:1~4）

正因《課程》並不關心我們外在的表現與作爲，它從來
不明文指示如何「透過身體」而融爲一體，這就是《課程》
與其他靈修學派大不相同之處，也因此，它非但不談性，更

不提持戒禁欲。事實上，它從未給我們飲食指南或修行清規，最多只在〈教師指南〉提到，不妨在每天早晚「靜心」一下，想一想上主。「躺著靜心，絕不是明智的選擇。最好坐著，挑個你最自在的姿勢」（M-16.5:3~4），這可說是全書針對「身體」所給予最具體的建議了。

大多數宗教都要人懼戒身體的本能衝動，遮掩或改變身體特定部位的外觀，甚至施以酷刑、死亡來懲罰身體，《課程》卻一反傳統宗教思維，公開表明身體是無罪的：

> 只有神智不清的人才會懲罰身體，……
>
> 你要這個無法看見也無法聽到的身體為你所看到的景象與聽到的噪音負責，實在毫無道理。它不會因你的懲罰而受苦，因為它沒有感覺。它只會按照你的心意行事，從不自作主張。它不生，也不死，只是漫無目的卻亦步亦趨地任你安排它的道路。你若改變方向，它也會輕鬆地隨你轉向。它沒有自己的立場，也無法評估所走的路。它看不見任何間隙，因為它不會恨。它可能被人當作恨的工具，自身卻不會因此變得可恨。（T-28.VI.1:1,2）

即使《課程》一再苦口婆心，剴切揭示激進的人生觀與世界觀，要我們放棄對有形物質世界的信仰，轉向無形抽象的靈性境界，但它深知轉變眼光與心態絕非一朝一夕之事。

身體思維的錯覺是如此龐雜，紮根之深，如此盤根錯節，幾乎無孔不入，讓人難以看清它的底細。與其分析它是怎麼一回事，還不如單刀直入，重新鍛鍊我們的思維，換個思考和看待眼前萬物的方式：

> 救恩並非只准你著眼於靈性而不看身體。它只願你明白你是有選擇的。你無需任何協助就能一眼看見身體，但對身體之外的世界你卻如此無知。救恩的目的就是化解你的世界，好讓你看到超乎肉眼的另一世界。不用擔心自己如何達到這一境界。你連眼前一切怎麼出現於面前的都搞不清楚。你若明白其中玄虛，它們早就消失了蹤影。（T-31.VI.3:1~7）

非二元論、瑜伽與《奇蹟課程》

我們可以說，《奇蹟課程》乃是「純粹非二元論」的靈性法門，只因它告訴我們：唯有上主或靈性才是真實的存在，其他一切全是幻相。相形之下，傳統基督教則屬於二元論，它認為身體和靈性同樣真實，故這具有形的身體必須做或不做什麼，才能得到救恩和永生。也因此，身體常被當作罪惡的溫床或犯罪的媒介，人們必須不斷懺悔，以求赦免，理想的基督徒更應該淨化自己的每一念、每一行，將身體聖

化為足以榮耀神所創造的「聖殿」。

　　事實上，《課程》並不全然否認「將身體視為聖殿」的觀念，但它更進一步指出聖殿的核心所在：

> 「誤以為身體可以充當救贖的工具」這一扭曲的信
> 念，使心靈對身體產生種種不實的幻想。將身體
> 視為一座聖殿，只是修正這曲解的第一步而已，
> 它只改變了其中一小部分。但是，至少它已認清救
> 贖是不可能由形體層次著眼的。它還需要進一步體
> 認出那聖殿絕不是有形的建築。真正的聖所位於內
> 心深處的祭壇，那裡才是整個聖殿的核心。只知著
> 眼於建築的美輪美奐，顯示出人心對救贖的戒懼，
> 存心對祭壇敬而遠之。聖殿真正的美不是肉眼所能
> 看見的。唯有具備完美慧見的靈性之眼，方能視而
> 無睹外在的建築。唯有那座祭壇歷歷在目。（T-2.
> III.1:4~12）

　　《奇蹟課程》謹守它的非二元論立場，全然不提形體上的修練。在它應運而生的時代，瑜伽大行其道，十九世紀末二十世紀初，維韋客南達（Vivekananda,1863~1902）和瑜伽南達（Yogananda,1893~1953）將瑜伽引入西方世界，到了二十世紀七〇年代，也是《奇蹟課程》出世之際，瑜伽開始蓬勃發展。近年，「瑜伽體位法」更成了風行世界的運動和

健身法，只是大多數人並不清楚它背後的靈性內涵。瑜伽有各種派別，理念上也有所分歧，但我們可以肯定的是，正宗的瑜伽思想有很明顯的非二元論的影子。

菲利普・烏爾索（Philip Urso）在羅德島教導《奇蹟課程》與瑜伽。他和妻子莉莎共同經營「鹽池瑜伽中心」，推展活力瑜伽。菲利普自1995年開始讀《奇蹟課程》，五年後因為劇烈的背痛開始學瑜伽。最初，他認為瑜伽不過是「身體的玩意兒」，但漸漸地，他看出其中更深的寓意。

菲利普說道：

> 在我看來，瑜伽不只是體位法，而是一種存在的狀態，瑜伽的合一境界，和《課程》所說的實相或天堂一樣，都是指向脫離身體束縛的非二元境界。從這個意義來說，《課程》可說是一門幫助人們達到合一境界的新式課程，瑜伽的虔信精神和研讀〈正文〉有異曲同工之妙，瑜伽操練和三百六十五課的練習也有其相通之處。

菲利普認為，只要體位法練習得當，學員不難體會到《奇蹟課程》的原則，明白身體「只能充當心靈的學習教具」（T-2.IV.3:1）。他進一步指出：

> 《課程》說過，第一個錯誤是認為身體會創造疾

病、疼痛、感覺和情緒，這等於否定了心靈的力量。我把奇蹟理念套用在瑜伽體位法，更有助於我們看清這個錯誤。

比方說，瑜伽老師要求大家做出一個困難的體位法，學生紛紛討饒。這其實是心靈將過去的痛苦經驗投射到還沒開始練習的姿勢上頭。老師會問：「你們是否已經認定這個體位法會帶來什麼後果了？如果你已經認定這個姿勢很苦，一定會不幸言中的。難道你們只想重複昨天的姿勢？現在，就讓這個姿勢在你眼前展現，允許自己對它一無所知。」這樣的建議，往往可以幫助學生將當下的練習由過去的投射釋放出來。如果學生真的照著做了，通常會有全然不同的感受。我們就是這麼將身體做為學習教具的。

菲利普繼續補充：

漸漸的，學生會發現深刻的平安是中性的，並認出身體的每一個經驗其實莫不出自心靈的投射。一旦有了這一層體驗，就不難看清外頭的世界也只是投射而已。

這個說法相當奇特，純身體的瑜伽體位法竟然也會勾出超越身體的經驗。正如菲利普所說的：

《課程》告訴我們：「身體連一刻都不曾存在過。它不是存於你的記憶中，就是存在你的期待裡，你從未當下經驗過它。」（T-18.VII.3:1~2）體驗身體的消失，是我的瑜伽教學目標之一。覺察呼吸，覺察身體，或像瑜伽士所說的「聚焦法」（single-pointed awareness），會有一瞬間，感到身體意識的消失，在那一瞬間，學生觸及了永恆。這一境界並不像聽起來那麼玄奧，是可以一再經驗的。那一瞬間既不活在過去的記憶裡，也不是活在未來的期待中。一旦從記憶和期待解脫，時間的障礙一除，純然的平安與喜悅便傾瀉而下。在那種喜樂中，身體根本不存在。

但是，我必須特別強調一下，大多數奇蹟學員並非隨時都能超越身體，即使勤練瑜伽和靜坐也不見得能辦到。重點是，我們不該將《課程》談的「只與靈性認同」誤解成一種道德要求或信條，也無需厭惡或看輕身體。相反的，每當我們看著鏡中的自己，或感受到身體的刺激，只需記得身體無法證明我們是孤立的，它更不是孕育疾病的溫床。我們只需不斷地寬恕身體，提醒自己，身體不過是邁向超越之境的媒介。也就是說，我們真的可以透過身體，體認出自己的靈性本源。

重點摘要

　　《課程》最具挑戰性的一個觀念就是：一向被我們視為存在核心的身體並非真實的存在。自從人類陷入了分裂之夢以後，我們為自己打造了一個獨立的身分，把小我當成了自己。小我又反過身來用身體作為它存在的明證，而身體會相互攻擊甚至生病的事實，更使我們確信自己真是孤立的，至此，我們再也無法否認身體的存在，彷彿否定了身體就貶低了心靈的創造力似的。

　　《課程》為這個兩難的困境提供了關鍵性的解套方法，就是賦予身體一個全新的目的，不再支用身體為個人的生存而奮鬥，或追逐感官的享受，開始學習借用它作為交流與共融的工具，證明我們確是同一個靈性生命。我們必須認清，固然心靈造出了身體，又衍生出身體會生病的觀念，但真正的療癒絕非利用心靈能力來扭轉疾病的症狀。相反的，我們大可藉此提醒彼此，儘管我們在人間無法漠視身體的存在，至少我們能夠確定它不是我們存在的基石或核心。畢竟，身體並不等同於真正的自己。

11 莫知所云，束之高閣

> 小我完全不懂自己想要教你的課程。它根本不知道
> 你的真相，卻想教你認識自己的真相。它是一位混
> 淆是非的專家。除此之外，它一無所知。小我這種
> 老師純粹是自惑惑人而已。（T-8.II.1:4~8）

　　儘管《奇蹟課程》頗受資深學員的信任及感戴，但在長期操練的過程中，讀得莫知所云、七竅生煙的誇張故事仍然時有所聞。我聽過不少學員讀不下去的經驗，或許中斷幾星期、幾個月，甚至好幾年，也經常聽說誰又燒了書，或撕了書後再買一本新的從頭讀起。我自己研讀《課程》初期，也好幾次氣得把書往牆上摔。

　　相對地，也有學員過於沉迷《課程》，導致親朋好友大為反感。我曾收到一位女士的求助信，請我教她如何與一位「言必稱奇蹟」的親人相處，這位學員顯然四處宣揚寬恕和化解小我的大道理，可想而知的，不令人生厭也難。我偶爾也聽說某位朋友全心投入《課程》，另一半卻毫無興趣，而

讓親密關係亮起紅燈。

《奇蹟課程》的平等精神並不容易被別有居心的教師濫用，縱然如此，終究還是出了一個打著《奇蹟課程》名號的邪教團體（請見本章「顛覆的危險」一節），讓《課程》多少蒙上了不白之冤。另一方面，學員常常讀得似懂非懂，莫知所云；斷章取義的結果更讓社會大眾誤以為《課程》不過爾爾，無非又是一個膚淺的新時代學說罷了，完全認不出這一新崛起之靈修傳承的獨到之處。

一位資深學員東尼‧涅爾坦誠地說：

> 我認為，讀《奇蹟課程》的人必須具備相當的悟性，才不至於愈讀愈糊塗。……有時候，我好幾個月壓根兒不想讀《課程》。它好似變成我所依賴的一根柺杖，我得暫時放下那些理論，親身實踐它的道理。無論學什麼，不都是這樣嗎？會有一個乖乖用功的階段，然後試著在現實生活中活出來，有了經驗之後，才能回頭學得更為深入。

在這一章，我會簡要地描述研讀《課程》各階段幾個常見的障礙，但我必須聲明：這些障礙或冤枉路不見得是靈修路上非避開不可的「錯誤」。《課程》並不是「十誡」那種要人全心信服、不容置疑的教條，相反的，它存心推翻世間所有的規則與限定，敦促我們以寬恕的眼光看待眼前的一

切。如此，我們才能漸漸與聖靈的指引隨時連線，無需凡事依賴教規。剛開始時，這種行事準則可能反而讓學員感到無所適從，但根據經驗，這種教學方式最終自會證明它的功效和教育意義的。

危機轉機、基督精神和主權問題

我們常聽說，某人因為遭逢某種人生變故而接觸《奇蹟課程》，或者研讀一段時日後，「功課」就來了。長於理論的奇蹟教師肯尼斯·霍布尼克跟我提過，每當他聽到接觸《課程》沒多久的學員讚歎這門學說讓他們在短短幾個月內變得多快樂，肯尼斯說：「我通常會覺得，他們還沒讀懂這本書！」

這並不是說，新學員必須讀得滿面愁容，只是說明了，其實很少人真的吃得消「眼前的世界並非真實的、小我所追求的成功與幸福並非他們真正想要的、他們追求的特殊關係打從一開始就註定失敗」這類說法。然而，倘若暫且撇開這些令人不安的論點，只讀讀〈學員練習手冊〉第三十五課「我的心靈是上主天心的一部分，我是非常神聖的」這類正向的肯定與保證，確實能讓新學員有幸福滿溢之感。當然，只要鍥而不捨地讀下去，學員遲早會把這些形上觀點與課程

中最具挑戰性的訊息整合起來的。

　　另一方面，已經被人生功課折磨夠了的學員，一開始可能會拿《課程》為自己的幻滅感受撐腰。以我自己來說，要不是遇到《課程》的當兒，原本自我中心的生活方式正在分崩離析，我根本就受不了這部書。當時我病得恍恍惚惚，要我質疑物質世界並不是表面看來那麼堅實，不如說比一般人容易多了。我還記得自己發憤研讀〈正文〉和〈練習手冊〉那幾個月，「我所知的一切都是錯的」這一說法，是多麼地深得我心。

　　這種「否定式的領悟」，既令人謙卑，也帶來一種解脫感。在那段時期，它為我提供了一個全新的角度，讓我徹底看清自己心識的運作狀態。首先，我開始認識到，除了我早已習慣的那一套生活方式以外，生命可能還「別有洞天」。在那之前，我全憑小我的爭強好勝活出自我，卻對更超越的「無我心態」一無所知。其次，我還看清：自己「錯誤」的習性，讓我的學習潛能自童年之後就被牢牢封死了。（下一章會談我如何重新恢復自己的學習潛能）

　　雖然我逐漸察覺到故步自封的心態根本缺乏效率，很想用新的觀點看待人生，但我發現自己仍不斷抵制《課程》的教誨，質疑它的整套思想體系。從某個角度來說，我的反應證實了《奇蹟課程》之所以故弄玄虛是有道理的，它的文筆

在引人入勝的同時，也勾起讀者的不安，如此欲擒故縱，讓不甘就範的學員即使屢次質疑，卻始終放不下這本書。

蘇菲派和佛教經典不乏弟子被大師自相矛盾的說法整得七葷八素的故事，弟子能堅持下去，多半是由於師父的個人魅力所致。《奇蹟課程》不過是區區一本書，哪有機會施展這種「個人」魅力？然而，此書咄咄逼人的語氣，字裡行間夾雜著一股直指人心卻又不容分說的威嚴，讓讀者明明被說中痛處卻又欲罷不能，效果不啻於一對一的靈性教學。正如同筆錄者海倫和比爾的親炙經驗，他們一開始都認為那些訊息純粹是針對他們兩人而來的。

《奇蹟課程》流露出的權威感，讓許多讀者確信此書作者真是它所自稱的耶穌基督，這一點剛剛好是我初讀《奇蹟》時最難接受的。我成長於北卡羅來納州沙洛特的保守派基督教圈子，對基督教傳福音的方式特別反感，尤其是那些電視佈道名家，無論是葛理翰（Billy Graham），還是聲名狼藉的吉姆和譚蜜貝克夫妻檔（Jim & Tammy Bakker）。我認為這些教會非常反理性，只會自我吹噓，死守著落伍的社會和政治觀點不放。

到了十五六歲，我的無神論傾向已然成形，主要是針對福音派作風的反彈，倒不是哲學上深思熟慮的結果。二十來歲時，我四處拜師，嘗試各種靈修法門，包括蘇菲、禪，也

探究過瑜伽南達、巴巴穆塔南達、奧修等新興門派。但是，眼看著一個個名師不是自身腐敗，就是與追隨者同流合污，我再也不想成爲任何門派的「信徒」，無論它多殊勝，多流行，我都不屑與之爲伍。眼見幾位朋友「淪陷」於一波又一波的靈修風潮，我還挺爲自己的不盲從而沾沾自喜。

當我發現自己竟然深受一門以知性稱勝的「現代基督教」思潮吸引，而且作者還自稱是基督教的「救世主」耶穌時，讀者不難想像我心裡有多彆扭了。《課程》以海倫・舒曼作爲「通靈管道」，表面看來離譜，內涵卻如此引人入勝，好似真說出了什麼！我採訪過一位反對《課程》的基督教福音派評論家，他說他並不否認基督確實可能透過任何人的心靈（包括一位對宗教不置可否的哥倫比亞大學心理學家），傳遞合乎時代潮流的靈性訊息。但這位仁兄隨即說：「可是，耶穌基督絕對不可能說出《奇蹟課程》那一套觀念！」

同樣地，我最初很難把《課程》作者所教導的內涵，與我年少時對基督教的印象聯想在一起。他不僅不承認每個人都背負了「原罪」，竟然說罪根本不存在；他不要求你接受耶穌基督作爲救主，只要你接受人人共有的基督自性；他說，並沒有一個喜怒無常的神在審判我們；他要我們漸漸領悟「上主是愛，因此，我也是愛」。也許是薰陶日久，《奇蹟課程》這類訊息不再那麼陌生或遙不可及，我逐漸意識

到，這才是福音教派所允諾卻從未傳遞給人的「福音」。

《課程》的「福音」同時還要求人們高度的自我負責，它關注的不是怎麼做或怎麼彌補、矯正某個行為，而是一言一行背後的心靈狀態。《課程》借用了傳統的宗教詞彙，稱這一責任為「儆醒」：

> 你一旦揚棄了真相，就會看到自己好似活在天國之外。當你為自己打造出另一個心愛的國度時，天國不再是你心目中的唯一現實，於是，你某部分的心靈便被排擠到天國之外了。你所營造之物便會反過身來囚禁你的意志，你的心便生病了，有待治療。嚴加防範疾病的產生，就是最好的治療。你的心靈一旦療癒，自會散發健康的光輝，表示你已開始教人療癒之道了。如此，你便已躋身於與我同等的教師行列。但你必須像我一般儆醒才行；凡是決心傳播同一理念之人，他們的信念也必須一致才行。（T-6.V.三.9:3~9）

《課程》的作者不要我們以為他更優越、更神聖，他僅僅以「兄長」自居，因為他只是實現了我們所有潛能的一個典範而已：

> 身為兄長者，經驗比較豐富，理當受到尊重；他豐富的智慧，你也理當聽從。他既是你的兄長，理當

受到敬愛；他將自己獻給了你，自然當得起你的奉
獻。我之所以配接受你的奉獻，只因我先奉獻了自
己。我所有的一切，沒有一樣你不能得到。我所有
的一切，也無一不是來自上主。此外，我一無所
有，這是我們目前不同之處。就是這一點使我的境
界對你而言仍是有待開發的潛能。(T-1.II.3:7~13)

或許，有猶太背景的學員會比傳統基督教出身的學員更
能坦然地將耶穌基督視爲兄長。值得一提的是，《課程》的
元老以及後起之秀，包括海倫‧舒曼、肯尼斯‧霍布尼克、
出版此書的茱麗‧史考屈，以及推廣這一法門不遺餘力的簡
波斯基和瑪莉安‧威廉森，他們的出身多少都和猶太信仰有
些淵源。

至於不可知論者和基本教義派出身的讀者（後者在奇蹟
學員中當屬少數族群），想必很難調和耶穌在傳統宗教與在
《課程》中所呈現的不同形相。其他學員談及耶穌時或許不
會如此難以啓齒，也比較容易認可他是《課程》的作者，和
聖靈一樣，是我們汲取撫慰和智慧的源頭。至今，我依然不
那麼愛用耶穌或聖靈這些稱呼，不全是因爲不自在，而是我
習慣以記者的立場撰寫與《課程》相關的作品，我所面對的
讀者群也遠大於《奇蹟課程》的圈子。

日子久了，每位學員都會找出自己的方式，接受這個借

用基督教語彙卻徹底扭轉其內在意涵的權威之聲。這一接納
化解了學員早晚要面對的「主權問題」，也爲消解更深一層
的「誰是生命之主」這個主權問題作了充分的準備：

> 平安是靈性的天賦遺產。每個人都有拒絕自己遺產
> 的自由，卻沒有建立遺產的自由。每個人必須在創
> 作權這個基本問題上作個決定。一旦否定了上主的
> 創作權，種種恐懼必然乘虛而入，而恐懼滲透的過
> 程又十分曲折詭異。它眞正冒犯的絕不是上主，而
> 是那些否定祂的人。否定了上主的創作權，就等於
> 否定了自己的平安之源；結果，你看到的只是一個
> 支離破碎的自己。這種怪異的自我觀，歸根究柢，
> 就是主權問題。（T-3.VI.10）

顛覆的危險

《奇蹟課程》再有權威，也避免不了人們偏頗的解讀。
自修《課程》一段時間後，我決心冒險參加的第一個讀書
會，是由一位年輕男士所帶領的，他要求每個人全神貫注
聽他以沉悶的聲音唸誦這本藍皮書，長達四十五分鐘之久，
不准打岔，也不准發問。要是有人提問，他就再讀一段課文
作爲答覆。不用猜也知，我逃的比誰都快，心想，這輩子再

也不要跟什麼奇蹟學員混了。（我離開時，想起蘇菲師父瑞沙・費爾德幾年前簽書會的一個小插曲，有人詢及當地蘇菲組織的可信度時，瑞沙眨眨眼，簡單明瞭地回答對方：「永遠不要信任一群蘇菲！」）

不過，我很快就找到另一個奇蹟讀書會，它的平等互動，讓我對弟兄以及團體共修的方式萌生若干信心。我近年來多半去北加州一個離家不遠的讀書會，他們讓我親眼見證了《課程》的有教無類，無論什麼人，長期耳濡目染之下都能獲益匪淺。然而，第一次與那位「準奇蹟教師」照面的經驗，也讓我明白，這個法門本身沒有什麼能阻止自視非凡者的濫用。多年來，我也偶爾聽說某些帶領人會羞辱學員，有人則假借《奇蹟課程》之名，為自己的活動募款、招生，種種行徑，不一而足。

這類行徑偏差的帶領人中，最誇張的莫過於威斯康辛州「安德沃學院」（Endeavor Academy）那位「大師」了，打從九〇年代初期，到 2008 年他過世為止，這位仁兄在奇蹟圈子引起的爭議從未中斷過。「大師」原名查爾斯・布爾・安德遜（Charles Buell Anderson），本是房地產仲介和無名戒酒會復健小組的帶領人，他以推廣《奇蹟課程》為名，建立了「奇蹟社區」，社區裡除了教堂、住宅，還有許多他們通稱為「神之國」的小型企業。

　　安德遜之所以在奇蹟圈子引發爭議，不只是他橫掃美國、歐洲、澳洲和南美的強勢傳教作風，更因為出走的學員無不指控他羞辱式的教學風格。安德遜辱罵甚至毆打學員的事件四處流傳，引發「破解邪門外道」網站主持人瑞克·羅斯（Rick Ross）的一系列專題報導，美國CBS的全國性新聞節目「48 小時」也曾在1999年對這組織作了負面報導。

　　安德遜和他的安德沃學院或多或少影響了《奇蹟課程》的發展：最早出版《課程》的心靈平安基金會，協同曾獲授權五年出版《課程》的企鵝出版社，對安德遜和安德沃學院提出著作權侵權訴訟，他們不甘示弱，反控心靈平安基金會。纏訟數年之後，紐約高等法院竟以基金會「贈書過多」為由，判定原始版權無效。此一判決終結了基金會擁有獨家版權的時代，於是各式各樣的《奇蹟課程》版本紛紛問世。

　　安德遜去世後，安德沃學院依舊透過錄影教學，繼續推廣「大師」的教誨，但他們對外的作風已不再那麼強勢，聽說也不再那樣羞辱學員了。人們難免會問，為何一個強調「自修」的法門竟會冒出這樣的「大師」？首先要知道，整部《課程》從未出現過「大師」一詞，它再三強調，好的老師會協助學生找出適合自己的學習方式：「聖靈和所有良師一樣，所知道的遠遠超過你目前所懂的，祂的目的是要把你教到與祂同等的地步。」（T-6.V.1:1）再者，《課程》擺明了反對羞辱的教學方法：「好的老師絕不會去恐嚇學生的。恐

嚇無異於攻擊，會使學生排斥老師所傳授的道理。結果功虧一簣。」（T-3.I.4:5~7）

　　多年來，由於我一直在報導奇蹟圈子的發展近況，像安德沃學院這種風波不斷的機構，自然讓我想要一探究竟：「大師」其人魅力何在？教導內容又是什麼？我也收到不知何方神聖寄來的「大師」講道影片，花了好長時間去了解；其中之一還附了一封匿名的警告信，那是在我對安德沃學院的某篇評論發表之後的事。老實說，雖然這位「大師」以英文講道，也常引述《課程》內文，但我從沒聽懂他究竟在說什麼。「大師」的追隨者在接受我的採訪時說，他們覺得他很有吸引力，講道很有啟發性，但這些魅力和啟發，一到我這裡就說不出所以然了。

　　我後來在 2007 年的奇蹟大會，有幸目睹「大師」本人在一個旅館大廳的即席演講，總算有機會親眼印證多年來的遠距觀察。正如眾多出走的信徒所描繪的，他的性情似乎極度不穩定，還不時斷章取義地引用《課程》，推銷強烈的個人觀點。凡爾・史考特是一位加拿大的資深學員，在安德沃學院待過一段時間，被「大師」認證為「完全開悟的十二門徒」之一，肩負未來到世界各地推廣安德沃學院的使命。他對「大師」和安德沃學院的評論是：「全是搭《奇蹟課程》便車搞出來的邪門外道！」

　　查爾斯‧安德遜算是第一位攀附《奇蹟課程》而成名的「大師」，但絕不會是最後一個。《課程》之所以讓這些居心叵測之人有機可乘，一個很簡單的原因是，大多數學員很難自行跨越此書的文字障礙，更別說化解人人視之如命的小我了。讀得吃力的學員當然想聽聽別人怎麼讀、怎麼修，於是那些聲稱自己徹底了解而且開悟的奇蹟教師，自然格外具有「魅力」了。

　　想要避免被這種操控慾強的教師所惑，上上之策即是：謹記《課程》的終極目標不外乎幫助你我親自接觸自己內在的更高智慧，故任何讓學生偏離本有的靈性智慧、一味推銷自己那一套詮釋的教師，絕對不值得你的信任。但話說回來，或許有些人就是要經歷盲目的虔誠、希望幻滅、願意寬恕之後，才能發掘自己本有的智慧。

　　根據凡爾的觀察，《奇蹟課程》的現身正意味著「師父只是一個過時的觀念，四處拜師的時代已經過去了」。天主教會的權威近年來每況愈下，各個教派信徒的出席率不斷下降。「只要靈性，不要宗教」的呼籲在西方世界蔚成風潮，也就是說，靈性修持的主導權漸漸由過去獨尊教會、神職人員、大師、教條，轉向修持者的內在體驗。不過，從另一方面來說，即使僅憑一己之力追求神的經驗，這一條道路仍然充滿了風險。也許，它是人類心智邁向成熟無可避免的試煉之路。

滿腔熱血、自命清高與其他錯覺

　　《奇蹟課程》的新學員常犯的一個毛病，就是滿腔熱血，生吞活剝奇蹟理念和文字，滿口奇蹟術語，喜歡向身邊一頭霧水又毫無興趣的朋友強迫推銷這部課程。這一傾向常惹人嫌惡，甚至導致關係決裂。甫接觸《課程》的擁護者，很容易一頭熱栽入這套全新的寬恕理念，挾帶不自覺的優越感，自恃勝過別人的人生觀。要化解這樣的心理關卡，學員必須學習把寬恕融入自己的心態，而非一味地往外推銷寬恕理念。科羅拉多州的作家蘇珊・杜岡在這一關卡累積了相當深刻的心得：

> 我剛讀《奇蹟課程》時，丈夫在我眼中是一個容易動怒的人，我愈操練《課程》的寬恕，他愈是大發雷霆。我現在才明白，當初一定是用小我在「寬恕」他的 —— 也就是為了證明自己是好人而去寬恕別人，如此，反而讓「被寬恕」的一方更感內疚，也更為憤怒。雖然我從沒在丈夫面前提到《課程》，也沒談過我正在學什麼，但我相信他聞得到隱藏在「容忍」之下的那股譴責味兒。
>
> 折騰了兩年，我再也忍受不了。我祈求聖靈，請祂幫助我了解真正的寬恕。同時，我也開始大量閱讀

肯恩・霍布尼克的著作，看他的教學影片，聽演講錄音，學習為自己的不平安真正負起責任來。

儘管自己還有幾分不甘願，只要丈夫或其他老愛憤怒的人現前，我仍會盡量試著如此練習。日復一日，我發現，先生和其他愛發脾氣的人好似緩和了一些。有好幾次，我倆吵架吵到一半竟然同時打住，忘了自己要說什麼，甚至記不得當初是怎麼吵起來的。這是我有生以來第一次經驗到自己擺脫了「一己」的重擔，在那短短的片刻，我覺得我的人生非常完整，有個無限的力量在支持我，我是被愛的，也能愛人。

這陣子我們相處得蠻融洽，我不再把自己的情緒波動怪到他身上，也不期望他帶給我幸福。我終於開始欣賞他的慷慨與善良，碰上他心情不好搞得我不舒服時，我會立即向「正念心境」求助，這麼一來，我便不難看出他的反應只是在呼求愛而已，我對他與自己也就能夠愈來愈仁慈。現在我之所以願意寬恕，不是為了成就自己的好，而是因為寬恕帶給我極大的慰藉，它為我解除了批判和投射所形成的重擔。

蘇珊的寬恕經驗充分提醒我們，尤其是新學員更不容易

體會到的一點：寬恕無關乎行動、作爲或他人的信念，而是改變自己一貫的心態。道理很簡單，我們心靈裡有一部分特別看重特殊性、老想保全自己的個人特質，這就是小我，它必會將寬恕扭曲爲另一種操弄他人的武器，而我們幾乎毫無自覺。於是，被扭曲的寬恕很快就會變成形諸於外的批判武器，至此，無論做什麼，都與《課程》的精神背道而馳了。

要對治這個毛病，除了透過人際關係去體驗，並持續不懈地操練〈練習手冊〉之外，沒有其他的特效藥。寬恕走偏了的一個明顯症狀是，我們會很想告訴對方「我寬恕了你」。總之，寬恕是純屬一己內心的功課，也就是隨時清理自己內心一貫的看法與批判的習性，此外無他。

舉例來說，如果我們像蘇珊一樣，察覺到身邊的人老愛發脾氣，《課程》的修法並不是要我們寬恕這個人的毛病，而是反問並釋放自己對憤怒的成見。因爲，若不是這一成見從中作梗，我們不可能對別人的火氣那麼敏感：

> 你必須徹底了解小我是如何利用投射的，有朝一日你才可能化解得了投射與憤怒之間的必然聯繫。小我想盡辦法維持衝突狀態。可是它會精心設計出一些狀似幫你降低衝突的方法，因爲它不想把你逼到忍無可忍的地步，最後乾脆全盤放棄。小我會試著讓你相信，它能幫你擺脫衝突，以免你放棄小我而

另覓生路。小我故意扭曲上主的天律，利用心靈本
有的能力阻止心靈完成它存在的真正目的。小我把
你內心的衝突投射到他人心上，目的是要你相信，
你的問題已經解決了。(T-7.VIII.2)

蘇珊並不是第一個提到「唯有真正寬恕自己的心態和眼
光，才能化解棘手的人際關係」之學員，類似她的體驗，其
實不乏其例。在自我寬恕的過程中，先前的糾結開始化解，
對方好似換了一個人似的，這種神奇的經驗其實一點也不神
奇，只因一直在人心作祟、且伺機待發的投射衝動，如今總
算解除了，平安才會來到他們中間。

就像寬恕的概念會遭扭曲而為小我所用，「聖靈的指
引」有時也難逃厄運。我曾聽過有些奇蹟團體之所以不合，
是因為每個人都堅持自己只聽耶穌或聖靈的指引，而每個人
得到的指引未必相同，倘若因此導致衝突，可說一點也不令
人意外。

安德沃學院與心靈平安基金會長年的版權之爭就是箇中
例子，雙方都宣稱自己是為了確保耶穌基督對本書版權的
初衷。試想，如果此書值得信任，耶穌應該指點雙方盡快
和解，回到皆大歡喜的平安之境。事實上，最後是靠一位聯
邦法官對雙方的法律辯論感到不耐而落槌定案，風波雖平息
了，結果誰都不滿意。

　　換個日常的實例來談，奇蹟學員常搞不清楚真正的靈性指引為何物。比如說，在這個虛幻的物質世界祈禱身體健康、諸事順遂、行車平安等等的，我想，要是聖靈真的大費周章地「滿全」學員這些願望，才是匪夷所思之事。然而，我仍不時聽到學員大談這類神奇經驗，例如向聖靈祈求之後就順利找到車位，或一路綠燈暢行無阻諸如此類的「迷思」。有一位堂恩‧思昆在她的部落格「奇蹟瘋徒日記」裡就這麼說：

> 我花了很長一段時間，想「創造」一張會中獎的彩券。我想，既然我是上主的創造同工，當然可以跟上主共同創造出一張會中獎的彩券，然後用這筆錢來造福世界。這些彩券從來沒中過獎，無論我和上主共同創造什麼，沒一個管用，快把我氣死了。我四處尋求答案，只盼有人告訴我實話。我一再祈禱，其實是向上主乞憐：「拜託，拜託，神啊，請祢告訴我，這一切究竟是怎麼一回事！」

　　當然，一心一意追尋萬無一失的神聖指引，結果落得心灰意冷的「下場」，絕對不限於奇蹟學員而已。換個角度想想，人類發動過多少戰爭？更別提有多少人間罪行都打著「神要我這麼做」的招牌。其實，若想確定自己是不是真聽到了神意（或是靈性的訊息），也許應當把眼光放遠、作長期考量，才是明智之舉，切莫緊抓著一時的見解不放。別忘

了，小我無比狡猾，它的花招千奇百怪，時時刻刻都在我們的意識當中作祟！

然而，這並不表示我們必須分分秒秒擔憂小我的伎倆，才能獲得聖靈的智慧：

> **不必害怕小我。**它得靠你的心靈才能存在，既然你曾因為相信它而造出了它，你也同樣可以不相信它而將它驅逐。不要把「你得為自己的信念負責」投射在別人身上，否則你就等於強化這一信念。只要你甘心承認整個小我都是你自己一手打造出來的，表示你已決心放下所有憤怒及攻擊的機會，它們全是因為你相信自己該為所有錯誤負責而又把這責任投射到他人身上所生出的後遺症。然而，承認這是自己的錯誤，並不表示你該緊抓著它們不放。你應即刻交託給聖靈，予以徹底化解，那些錯誤的遺害才會由你心中消失，也由整個聖子奧體中遁跡。
> (T-7.VIII.5)

這一段引文寓意頗深，《課程》要說的是，獲得靈性指引最有效的方法，是願意隨時看清並承認自己的錯誤，這遠比直接祈求聖靈的指引、訊息或恩賜來得更為可靠。說到究竟，表面看來難以克服的挑戰或擺脫不了的逆境，其背後很可能隱藏著你意識不到的轉機，足以開啟你的潛能，帶給你

真正的幸福：

> 考驗不過是你過去尚未學會的人生課題再度出現於你眼前，讓你在過去選錯之處作出更好的選擇，擺脫往昔錯誤帶給你的痛苦。基督在你困難、煩惱及迷惑之刻始終溫柔地提醒你：「我的弟兄，重新選擇吧！」祂願為你療癒一切痛苦之因，祂要為你撤除擋在真理前的每個形相。（T-31.VIII.3:1~3）

〈正文〉的「導言」也有類似的說法，開門見山就澄清了這個道理：

> 本課程的宗旨並非教你愛的真諦，因為那是無法傳授的。它旨在清除使你感受不到愛的那些障礙；而愛是你與生俱來的稟賦。與愛相對的是恐懼；但無所不容之境是沒有對立的。

換句話說，我們若想獲得愛的指引，先要認出自己累積了哪些恐懼而阻擋了愛，並且願意放下這些恐懼。《課程》的基本論點是，愛一直都在，不僅在我們身邊，也在我們心內；畢竟，愛是你我與生俱來的本質。我們無需忙著呼求愛，只需不再聽信恐懼或小我之聲——正是它阻擋了我們對愛的覺知。倘若以為只能往身外去尋愛，而且必須透過一個神聖的外在象徵才能得到愛，我們很可能落入小我追求的愛之幻相，因而錯失了真正的愛。

日起有功

我最近在讀書會聽到一句發人深省的話，一位努力在親密關係中學習寬恕的學員，傾訴完自己的辛酸之後嘆了口氣：「我覺得我一定修錯了。」另一個人回應她：「你不可能修錯《奇蹟》的，只要繼續寬恕就成了。」

這個回應凸顯了一個重點，《奇蹟課程》的功夫在於日積月累的踏實操練，才能滴水穿石般化解我們看待世界的一貫心態。相對地，小我為了自保，對人生真相只能提供一套不可理喻且自相矛盾的觀點：

> 小我一味著眼於錯誤，而漠視底下的真相。它把眼前每個錯誤都當真，它最拿手的循環論證就是：如果人能犯錯，那麼一貫真理的概念便失去了意義。接下去的推論就更理所當然了：一貫真理既成了無意義的概念，那麼不一貫性必然真實不虛。小我念茲在茲地護守那些已被自己弄假成真的錯誤，它的思想體系只可能推出一個結論：錯誤是真的，真理是錯的。（T-11.V.14:2~6）

> 小我一向無意深究上述的邏輯，因它明白那是無法自圓其說的，但它卻「當仁不讓」地為自己的思想體系現身說法，而且不遺餘力。小我用分析來打擊

意義，才得以罔顧真相，進而將被解析得支離破碎
的知見，根據自己的需要來重新組合。這就是小我
眼中的宇宙。而這一宇宙又會反過身來證明小我的
存在。（T-11.V.15）

這是真的，我們對自己存在的宇宙都搞不清是怎麼一回
事，一旦碰到《課程》這類反傳統的思想體系，不因此頭暈
腦脹、莫知所云才怪！然而，儘管《課程》充斥著艱深的形
上理論和迂迴的語法，它卻一再強調自己的訊息相當單純，
只是被我們的抵制心態搞得如此複雜：

這課程之所以單純無比，因為真理本身極其單純。
複雜乃是小我愛玩的把戲，它存心把原本一目了然
的真相搞得曖昧不明。（T-15.IV.6:1~2）

〈學員練習手冊〉第七十九課「願我認出問題，以便對
症下藥」，也一語道盡人類有意把問題複雜化的傾向：

其間的錯綜複雜，皆源於你拼命不想認出問題所
在，也無意真正解決它。你若能認清自己的唯一問
題不過是分裂，那麼，不論它化身為何種形式，
你都會接受那解決方案的，因為你會看出其間的關
聯。一旦看出你所面對的一切問題的內在共通性，
你就會了解自己已經擁有一勞永逸的解決方案了。
你會善用這一工具的，因為你已認出問題之所在。

　　每當我們覺得自己在靈修的路上迷失或走偏了，請務必記起「人生只有一個問題」——問題在於我們認不出自己是有愛的，忘了自己是不可能與愛分離的。我們以為身體真有隔絕彼此的能耐，認定自己註定孤零零地活在廣大而複雜的時空世界，最後還不免一死；正是這一妄念，衍生出令人束手無策的諸多難題。我們若想追求幸福平安，既不是逐一解決這些沒完沒了的問題，也不是死命迴避它們；相反的，我們只需將自己既矛盾又混亂的觀點，交給能在自身圓滿裡看見我們生命真相的那一位，請祂指引，這樣做就夠了：

> 我也曾是人類的一份子，只是最後憶起了自己的靈性與真知而已。當我在世為人時，我不曾企圖以真知來制衡謬誤，而是由問題的根本一層一層往上修正。我親自為你證實了身體的無能以及心靈的偉大。當我的願心一與造物主的旨意結合，便自然憶起了靈性以及它真正的目的。我無法越俎代庖將你的願心結合於上主旨意之下，可是只要你願意接受我的指引，我便能拭去你心中的一切妄見。就是你的那些妄見從中作祟，若非如此，你一定會作出正確選擇的。神智清明的知見導致神智清明的選擇。我無法替你選擇，卻能協助你作出你的正確選擇。
> （T-3.IV.7:3~11）

重點摘要

「愈研讀愈困惑，終於束之高閣，以便得到喘息」這類故事，在奇蹟圈子之所以屢見不鮮，正是因為人心與生俱來的迷惘，直接遭逢這一門全新又激進的思想體系之正面衝擊。

此書自然流露出一種深奧卻又親切的權威，對於想當家作主卻常感自身難保的小我是個天大的挑戰，每個學員都需要一段時間來適應這一全新的權威。自稱是《課程》作者的耶穌所傳達的訊息，與基督教的耶穌所說的截然不同，這一分歧很容易引發的「主權問題」，是所有學員早晚要化解的功課。

《課程》所傳的訊息本身，防止不了別有居心的奇蹟教師的扭曲，這部課程在人間才短短數十年，就已經蒙受至少一位邪教教主的操弄。然而，只要秉持《課程》的一貫精神，學員終究會擺脫對各種大師和宗派的依賴。根據西方世界「只要靈修，不要宗教」的發展趨勢，這部課程遲早必會獲得更多的認同，逐漸成為現代靈修路上一個可靠的指標。

在心靈成長的路上，即使《課程》最基本的寬恕理念也難免遭到誤解，甚或轉為小我操控他人的武器。但經驗是會累積的，資深學員早晚會超越先前的無知或誤解，持之以恆地學習聆聽「為上主代言」的聖靈之音，活得更平安篤定，更清明自在。

第四篇

夢 醒

12 一輩子的奇蹟

> 需要經過一段刻骨銘心的歷練才可能明白，所有的
> 東西、事件、遭遇，以及環境，對他確實是一種助
> 緣。幻相中的一切所含的真實程度，全看它能帶給
> 人多大的幫助而定。它的「價值」只限於這一方
> 面。（M-4.㈠.4:5~7）

「塞翁失馬」在中國是個家喻戶曉的寓言，它為我們點
出，只憑一時的需求和好惡來詮釋人生無常的際遇是多麼的
短視。話說，有個貧困的農夫只有一匹馬，多年全靠牠種
地，有天醒來，發現這匹馬竟然逃走了。他跟鄰居提起，對
方立刻大表同情：「你運氣真背！」

農夫若有所思地說：「或許吧。」

離家的馬隔天竟然就回來了，還帶來三匹野馬。他的鄰
居驚呼：「哎唷！你要走運了！」

農夫只是隨口應和了一聲：「或許吧。」

　　當天，他的獨子想騎還沒馴服的野馬，結果被甩到地上，摔斷了腿。鄰居幫男孩用夾板固定傷腿，又說：「看來這馬不吉祥！」

　　農夫嘆了口氣：「或許吧。」

　　第二天，一支軍隊騎馬進村子，強徵年輕力壯者入伍，他們到農夫家裡，一看這兒子的腿斷了，就放過他。未久，戰場傳來軍人十有八九陣亡的消息，鄰居又驚嘆：「不幸又成了大幸！」

　　農夫還是同一句老話：「或許吧。」

　　當然，一碰到大難臨頭，多半人會捺不住性子，急著判斷眼前吉凶，很難靜觀其變。然而，《奇蹟課程》卻毫不含糊地指出：「世間萬物同心協力，純粹是為人類的益處。此言不虛，絕無例外，除非你聽信了小我的判斷。」（T-4. V.1:1~2）

　　要了解這個觀點，「時間」是一大關鍵。我們都知道，小我本位的眼光只會把我們綁在自己這具身體和個人當下的際遇裡。為此，《課程》在多處愷切提醒，靈性成長的歷程必須從更大的「時間觀」去看。譬如〈練習手冊〉第九十七課提到：「你每練習一次，不只會加深這種意識，還會為你省下千年以上的光陰。」〈正文〉則一開始就說：「奇蹟足

以取代千百年的學習過程。」（T-1.II.6:7）

　　儘管如此，《課程》對「輪迴」的觀念卻抱持不置可否的立場，〈教師指南〉「真有輪迴這一回事嗎？」這一節是這麼說的：

> 究竟說來，不可能有輪迴這一回事的。既然沒有過去或未來，那麼投胎一次或者多次的說法就失去了意義。因此，確切地說，輪迴不可能是真的。我們最多只能這樣問：「輪迴觀對人有沒有任何益處？」這當然要看你如何運用這一觀念而定。如果它能加深人們對生命永恆本質的認識，當然有所幫助。此外，還有什麼問法能夠照亮人心？輪迴觀就像其他的信念一樣，都有被人妄用的可能。這種誤用，最輕微的，會讓人陷於過去的陰影，或是以過去為榮。最嚴重時，它會使人當下感到欲振乏力。在這兩種極端之間，什麼愚昧的想法都可能出現。

> 這是否意味上主之師不該相信輪迴這一回事，也不該與相信輪迴的人討論這類問題？答案是：絕非如此！如果他個人相信輪迴，也無需放棄這個信念，除非他內在的「聖師」勸他放下。這種情形極其少見。他的「聖師」只會提醒他，他可能已誤用了這一信念，而妨礙了學生或自己的成長。必要時，他

會建議上主之師重新詮釋。總之，他只需把握住一點，即是：誕生不是生命的起點，死亡也非它的終點。不過對初學者而言，連這一點都不必強求。他只需要接受一個觀點，就是：他所知道的並非所有的真相，他還有許多待學之處。如此，他的旅程便開始了。（M-24.1,5）

浴火重生

我並非輪迴理論的專家，對輪迴是否存在也沒有定見。但是，研讀《奇蹟》二十多年來，我的思維和感受模式改變之大、速度之快，令我自己都驚嘆不已，好像心裡某個阻塞的「死角」豁然開通了，讓我樂於嘗試先前一直認定行不通的路。心靈彷彿經歷了一般所謂的「重生」，但那種經驗和宗教信仰毫無丁點關係。

本書一開始我曾提過，當年之所以接觸《課程》，純粹是因為人生陷入了空前的危機，我生了一場大病，被診斷為「慢性疲勞症候群」，整整七年的折騰以及隨後的療癒過程，讓我看清自己一向是怎麼看待世界的，其中有一種心態，我記憶最為深刻。

　　大約三十歲左右，我自認為已經「成年」了，人生大勢業已底定。然而，我既不滿意當時的自己，也不認為自己有何成就，只是感到自己的人生信念和心態已然定型了。問題是，那些信念和心態並沒有讓我活得更快樂。現在回想起來，我得承認，三十歲左右逐漸固化為小我的「我」，已經徹底失去了童年的純真無邪。

　　孩童的純真，對我而言，是一種尚未被恐懼撕裂的意識狀態，正如華茲華斯在〈頌：不朽的暗示〉一詩所描述的：

> 曾有段時光
> 綠野、叢林和小溪
> 大地平凡的一景一物
> 在我眼中
> 覆著同一抹天光
> 如夢一般，清新、燦爛

　　早歲的記憶中，我經常在葡萄園裡盡情飛馳，東奔西闖，深信自己在大自然裡絕對不會受傷、不會迷路，遠比跟人在一起更自在。我的戶外經驗似乎和印地安的巫師經驗相近，無論石頭還是蛇，都和我平起平坐，有一種說不出的靈氣。直到後來，我才慢慢「羞於」和山林野獸交談；可以說，愈想「長大」，那種動輒生咎的感受就愈深。

　　小時候父親告訴我，打雷是天神駕著獨輪車過木橋的聲

音，這說法挺棒的，也安了我的心。但是，即使才五歲，我對這些哄孩子的故事也不會照單全收，不全相信宇宙某處真有這樣的天國，有一道這樣的木橋。就算懵懵懂懂，我也知道打雷可能還有別的原因。我很願意接受各種說法，它們是可能並存而不悖的。

研讀《課程》多年的一大「奇蹟」就是，我拾回了一部分純真的心，能接納神秘的、兼含感性與實證的立論，它們都可能呈現真理的一面。這樣的心態，與狹隘的理性或宗教狂熱相形之下，毋寧說是更為柔軟，更為包容，也更平安。如果我們認定只有一條真知之路，或認定只有一套特定的信仰才能解答人生問題，這無異於排擠或否定另外一群懷著不同想法及不同信念的人。

為了讓自己活得更篤定或更自信，我們可能得為「成年」付出慘重的代價，即是忘失了學習的能力。我們認為學習能力隨著年紀下降乃是天經地義的事，為了銳化自己的感官覺受和智力，勢必要縮小興趣的範圍。但是，看看嬰兒就會發現，他們每一瞬間的學習都是全方位的，而且一刻不停。在我看來，所謂的「成長」，不過是將與生俱來的龐大學習能力，變質為對世界的一種偏頗定見。也就是說，當我們自認為「全都知道了」，正意味著「學習就停止了」。

純真的信心

印度哲人克里希那穆提在《人生中不可不想的事》提到「純真的信心」，克氏說：「它就像是一個孩子的信心，那麼純真，他願嘗試任何事情。」克氏清楚地爲我們釐清這種天生的心境和一般所謂的「自信」不同，後者他稱之爲「總是被自我的傲慢污染，『這是我的成就』」。他認爲西方社會過度看重這種心態，反而使人們的信念和行爲受制於社會期望的標準，嚴重地削弱了人類眞正的潛力。克氏說：「唯有純眞的信心才會帶來新的文明；但如果你自願在社會的模式下畫地自限，這份純眞的信心便窒息了。」

我在青春期讀到克氏的學說便一頭栽了進去，非但生吞活剝、斷章取義，還妄自詮釋。他說的「掙脫社會模式」與我青春期的叛逆衝動一拍即合。直到多年以後我才明白，自己種種的反抗心態，無論是青春期的或針對性、政治、文化等等的叛逆，其實都沒有眞正脫離社會模式的框架。當然，不是只有服從主流才算符合社會行爲，但若要掌握一個社會的「特質」，通常還必須了解它所激發的反叛，以及社會如何打壓反叛、消化反叛，或是如何被反叛改造（對人類心理的探討也一樣：個人內在的衝突，若有機會坦誠表露，通常比他面對公衆的那一面來得眞實且深刻）。但是，克氏所指的「純眞的信心」，並不是靠對文明或社會的反動才得以保

有，而是放下那自認為無所不知的小我。套用《奇蹟課程》的話來說，就是讓自己的心識臣服於聖靈的智慧，那一內在心聲，完全超越小我的眼界。

在我邁向成年的過程中，克氏的理念令我既敬畏又憤怒。這位遠方的明師在我身上引發的挫折感，是我在十五歲到二十五歲期間最健康也最強烈的經驗。從某個角度來說，他好似勾起了我內心對這「純真的信心」的記憶。他提醒了我，我早歲對世界的看法其實更直接、更包容，也更深入。他要說的是，我心底的那個孩子，比我目前這個愈來愈迷惘的成年人更知道該怎麼做。我很生氣，因為我已失去那一純真，而且欲歸無路了。

小時候，父母和師長常警告我「別太理想化」，及至意識到失去純真，對我更是刻骨銘心。我在高中時期，常為自己在學校教育學不到真正的東西而沮喪不已。我一直有很強的靈性需求，但當年的我卻又相當排斥「靈性」的標籤，只想理解這世界，在其中找到自己的歸宿。然而，說也矛盾，當時我幾乎認為，對於「人類存在的奧秘」這類大哉問，我是不可能得到什麼究竟的解答了。

我成長於北卡羅萊納州基督教基本教義氛圍中，看得很清楚，那些抓著「人生的終極答案」不放的人，似乎少了一種與生俱來的好奇心。即使當時我說不清所以然，但我已隱

約感覺到，有意義的人生不可能少得了那種本能而純真的學習。想要理解這世界，本身就是一個永無止境的發掘過程，絕不是從龐雜無章的資訊得出一個結論，當然更不是乾脆放棄追尋。然而，十八九歲的我，確實感到「此路不通」，覺得眼前沒有什麼是真實的。到了離家自立的時刻，我還沒找到明確的人生方向（也就是具體的生涯事業選擇），我感受到了二十世紀美式資本主義那種「現實世界」的壓力，為了「謀生自立」，除了少數幸運兒之外，誰都得為了生存而卑躬屈膝忍受無聊的工作。那時，我對人生驟然下了這樣悲哀的結論：所謂「長大」，就是卯盡全力去追尋並接受冷酷的人生現實。這個結論讓我付出了可怕的心理代價——我愈是面對「現實世界」，就愈覺得不真實。

就這樣，我逐漸接受現實世界本來就充滿迷惘、衝突和危險，人生充其量只是吉凶難卜的賭局，你能顧好自己、家人和朋友就不錯了，行有餘力之後，再為社會或政治議題施捨一些同情或關心。孩童時期張眼就能學習的奇妙天地，冷酷無情地搖身一變，成了生存競爭的戰場。我剛滿三十歲時，迷惘和苦澀的成長過程，逐漸「固化」為我生命的一部分，極目四望，我看不到任何有意義的出路。

奇蹟的震撼

　　如此無望的歲月，又過了二十多年，現在回頭看，自己三十歲出頭那場重病，其實造就了成年後第一個不容否認的奇蹟。當時的我坐困於人生的死胡同，那種生活非但無法滿足我，還深深陷入一種走投無路的悲哀宿命。現在，只要想起自己竟得以僥倖擺脫那一慘痛經歷，應該是我身體的崩潰逼出了藏在潛意識下的靈性智慧。或許吧，有些扭轉人生的奇蹟非得透過這種「非常手段」才能呈現，完全不是我們所能預設的，即使當年已經再也承受不住了。

　　還有件事值得一提，雖然我一直懷有「作家夢」，而且早從大學起就擔任有薪酬的校園記者，但三十歲前，我從未成為職業作家，也不知道未來會寫什麼。身為詩人、專題記者，我雖有正式發表的作品，但都還不足以成為正式職業。我一直渴望能發掘自己的使命，卻不知如何著手。這種困境讓我當時的生活更加沉重。

　　生病的最初六週，我完全不知道自己出了什麼狀況，愈來愈焦慮，四處求醫問診，卻始終沒有起色。後來我逐漸意識到這次身體垮了或許和自己的心態有關，於是決心接受心理治療，沒多久就遇上了《奇蹟課程》。在這命如懸絲的緊要關頭，想不到我的生活有了意外的轉機，我竟然又開始

「學」了。那種渴望和開放的心情，是我告別童年之後少有的經驗。我開始探索各個新領域，從自體免疫疾病的病因和治療，到榮格心理學與夢的研究，還有《奇蹟課程》這樣的「另類」靈修途徑。雖然並非全都管用，但回頭想想，我覺得自己多少重拾了一些純真的信心，就如克氏所說的「它就像是一個孩子的信心，那麼純真，他願嘗試任何事情」。

我也開始大量寫作，勤寫日誌，我從少年時期就有寫日誌的習慣，當作自我覺察的練習，但在慢性疲勞症候群發病之前的幾年，已經擱筆了好一陣子。不知不覺的，重拾寫作好似為我未來的全職作家生涯暖身。同時，這段時期我對健康和療癒所下的功夫，也為日後在雜誌期刊發表的當代靈修和身心靈健康專欄打好足夠的基礎，我後來自命為「有意識的新聞報導」。

重病七年的確是相當漫長的折騰，我也一度覺得這輩子可能就註定這麼病下去了。直到多年後我才確信不疑，《課程》不僅加速了我走出病痛折磨的腳步，還讓我邁向一個有目標且真正充實的人生。我認識了不少慢性疲勞症候群和纖維肌痛的病友，他們少說也要病個五年十年，有些人甚至拖得更久也不見好轉。我相信，要是沒有《課程》，我肯定要折騰更久、更大費周章，才有恢復健康的可能。

不過，讀者大概也注意到，我在談自己的療癒過程時總

是相當謹慎，不想造成「《奇蹟課程》乃是身心疾病唯一的『解藥』」那種錯誤印象。我知道，我之所以恢復健康，是因為學會了如何照顧自己，這一點遠勝於生病之前。例如我接受針灸，改善飲食習慣，服用抗生素對治腸道感染，採用溫和的鎮靜劑安撫焦慮，這些都有助於我戰勝「慢性疲勞症候群」那個頑疾。然而，鍥而不捨地操練《課程》，才是真正的關鍵，它幫我釐清自己的思維，助我在諸多療法中作出更好的選擇，那是以前的我所做不到的。《課程》幫助我釋放了長年的憤怒和內疚，讓我的心識恢復清明，眼光更為開闊，我才可能為自己開展一個健康和充實的人生。

我學《奇蹟課程》的療癒過程，充滿了各種大大小小的「震撼教育」，雖然當時可能感到難以消受，但長期來看，確實是個不折不扣的「奇蹟」。釋放內疚和憤怒聽起來很棒，但我還記得，當我發現自己不再抓著某個過去的創傷、不再埋怨環境的限制時，我會感到忐忑不安。負面心態一除，隨之而來的就是「接著我該怎麼辦」的恐慌。

在神智不清的小我操控之下，人類大部分精力都消耗於不停的擔心、抱怨或憤怒，任由那些負面的能量狀態耗盡每天的生命。卸下這些憂慮絕非易事，要是沒了那些念頭，我們就得面對「我是誰？所為何來？」的迷惘了。幸好，另一種心態很快就會遞補上來，正如《課程》所說的，只要我們願意放棄小我的解決方案，聖靈的「靈感」一直在等著指引

我們。根據我自己的經驗，所謂的聖靈，其實就是我們內心本具的智慧、與生俱來的學習能力，那是人心中對圓滿境界的神秘驅力。

病癒後的十年和病中的我相較，我的人生有如天淵之別。我成為專業的雜誌撰稿人，發表了上百篇文章，與朋友合寫了兩本書，我的寬恕小品也以精裝本推出。還有，我竟然結了婚！想想自己在發病之前對親密關係所抱持的鄙夷和不信任的態度，就知道這是多大的變化。此外，生病期間學到的養生保健知識，讓我在久病之後，身體狀況遠勝於前。

雖然我也寧可用更輕鬆的方式來轉化自己的人生，但根據一向的經驗，我舊有的模式一定要「跌落谷底」，我受小我驅策的習性一定要到走投無路的一天，奇蹟才有發生的可能；就像酒鬼或毒蟲，一定要到了絕境才可能重新做人，踏上康復之路。當然，這並不是說，我在生病期間研讀了《課程》，我的小我就已完全化解，但我的確開始踏上療癒之路，轉向內心的另一種聲音。

正如《奇蹟課程》說的：

對有心聆聽聖靈之音的人，小我的叫囂與妄為淹沒不了聖靈寧靜而纖細的聲音。（T-21.V.1:6）

靈性成長的階段

本章一開始的引文出自〈教師指南〉「信賴的形成」這一段，雖然「信賴」只是「上主之師」十個人格特質中的一個單元（其他特質包括真誠、包容、溫良、喜樂、不設防、慷慨、耐心、忠信、開放的心），卻彷彿勾勒出整個靈性的成長過程。即使把《奇蹟》視為一門勵志課程的讀者，也會從以下的引文獲益良多。《奇蹟課程》固然提過，啟示和救贖是可能一蹴可幾的，但我們不難從這幾段體會出，大多數奇蹟學員需要經歷相當漫長的過程，才會成為所謂的「上主之師」。我自己在這幾個階段就走了好幾年：

> 首先，他們必須經歷所謂的「化解」（undoing）階段。這未必是一段痛苦的經歷，但通常會給人這種感受。它會讓人感到好似失落了什麼：很少人一開始即能看清那是因為自己認出了那東西毫無價值之故。表示這人已經進步了，能以不同的眼光去看，否則他怎麼看得出那些東西毫無價值？然而，他內在的轉變尚未達到脫胎換骨的地步。因此，他的學習計畫裡頭有時還會要求他作一些外在的改變。這些改變通常會帶來一些實際效益。上主之師若學到了這一點，便已進入第二個階段。（M-4.㈠.3）

我的第一個「化解階段」始於那場重病，以及隨之而來的失業和親密關係的破裂。在整整七年的危機中，當然不乏小的挑戰，但每次都刷新了我看待事物的眼光。

第二，上主之師必須經歷「釐清」（sorting out）的階段。這通常不是一件容易的事，因為他既已看出生活上所作的改變對他確實有益，那麼他從此就必須根據事情的具體效益或妨礙程度重新評估一切。他會發現，當他面臨新的現實挑戰時，以前重視的許多事物（即使不是絕大部分）只會妨礙眼前的「學以致用」。（M-4.㈠.4:1~3）

從一接觸《奇蹟課程》開始，我就進入了「釐清階段」。那是我有生以來首度遇上如此截然不同的思想，它力不可當地顛覆了小我的習性。特別是，每當我意識到那些理所當然的想法根本就有問題，我才得以茅塞頓開，看出它是怎麼一步一步改變我的人生軌道的。

上主之師必經的第三個階段就是「捨棄」（relinquishment）。如果你把這字理解成「放棄可欲之物」，內心勢必激起很大的衝突。很少教師能夠完全不受這一挑戰的衝擊。然而，除非你準備好踏出下一步，否則，釐清哪些是有價值的、哪些是無價值的，豈不是多此一舉？因此，在這前後重疊

的階段裡，上主之師難免會感到自己被迫為真理而犧牲了自己的最大利益，他尚不明白上主絕不會提出這種要求的。只有等到他真的開始放棄那些無價值之物後，才可能認清這一事實。他會從經驗中學到，在他預料受苦之處，找到的竟是如釋重負的喜悅，在他以為必須付出代價的地方，他竟發現了天賜的禮物。（M-4.(一).5）

我的健康危機和隨後的靈性啟蒙，導致外境的巨大變化，不只為了撙節度日而遷居他處，捨棄了許多身家財物，然而，我真正捨棄的，其實是我行之多年的舊有心態和種種偏見。我不敢說自己對這段時間的變化都瞭若指掌，但幾經回顧，我終於看清了，那確實是內心慢慢「釐清哪些是有價值、哪些是無價值」的一個漫長過程。等到過了這一關卡，我赫然發現自己竟然結了婚，開啟全新的寫作生涯，而且活得愈來愈幸福篤定。

現在，終於進入「安頓」（settling down）的階段。這是一段相當平靜的日子，上主之師已能享有某一程度的安寧。他藉此機會熟悉並鞏固自己所學到的一切。至此，他才能體會出自己所學的理念具有無往而不利的實用價值。面對那驚人的潛能，上主之師終於更上一層樓，能在其中看出自己整個人生的出路。「放棄你不想要的，保留你想要的。」

> 多麼直截了當的說法！豈有比這更輕而易舉的事？
> 上主之師需要這段休養生息的時間。他修持的境界
> 並沒有他想像中那麼高。然而，他已經整裝待發
> 了，又有許多強而有力的弟兄與他同行。他休養生
> 息一陣之後，開始呼朋引伴，一塊兒上路。此後，
> 他再也不會踽踽獨行了。（M-4.(一).6）

我大病初癒後的「休養生息」階段大約維持了十二年左右，最終以離婚告結，我仍然得面對伴隨而來的失魂落魄。雖然我倆的婚姻曾相互支持，也稱得上風平浪靜，但同時也限制了彼此的成長。我和妻子確實都努力要療癒彼此的童年創傷，沒想到，到了某一階段，我們各自感到必須踏上一己的成長之路。

我糾結了一整年，拼命想弄清楚究竟是誰出了問題，直到最後才肯承認，其實我的生活早已徹底翻新了，至此，唯有放下失落之念，我才可能邁上康莊大道。

> 下一個是名副其實的「動盪」（unsettling）階段。
> 上主之師至此終於明白了，他根本無法分辨什麼是
> 有價值的、什麼是無價值的。到目前為止，他真正
> 學到的不過是：他並不想要無價值之物，只想要有
> 價值之物。然而，他自己的分辨方式根本無法教他
> 看出兩者的差異。犧牲的觀念在他的整個思想體系

中是如此根深柢固，使他無法作出正確的判斷。他
以為自己已經懂得如何發心了，如今卻發現自己根
本不知道那個願心為何而發。此刻，他感到自己正
在追求一個可能歷經百千萬劫也未必達到的境界。
因此，他必須學習放下所有的判斷，不論面對什麼
處境，他只能捫心自問：「我究竟想在這事件中得
到什麼？」若非前面每一步都能穩紮穩打，這確實
是一個難捱的階段。（M-4.(一).7）

　　就在我寫這本書的時刻，我才恍然大悟，明白自己剛剛
走出一個「動盪階段」，也找到了落腳之處。獨居幾年之後
再度進入新的伴侶關係，除了私生活中的犧牲感以及職業上
的挑戰，還有不少問題有待解決。在那當中，放下所有的判
斷，可能是我這一輩子最大的功課了。幸好，《課程》讀了
這麼多年，我很肯定這是值得努力的目標。即使我日後遇上
困境仍不免陷入迷惘，甚至有「被修理」的感覺，但我愈來
愈清楚這些挑戰都是我自己造出來的，也是自己必須磨練的
功課。我已經接受了這一事實：靈性成長是一個持續不斷的
過程，「下一步」會走到哪兒，不是我能預料的。

最後到了「完成」（achievement）的階段。你的
學習進入這一階段才告穩定堅固。不論在緊急關頭
或太平日子，你都可以放心了，你以前視為徹底負
面的事物，如今都會帶給你具體的效益。是的，它

們一定會為你帶來太平安寧的日子，只要你肯腳踏
實地地練習，堅定你的信念，一視同仁地運用到生
活上，絕不破例。這一階段會帶給你真正的平安，
因它全面反映出天堂的境界。此後，天堂之路會愈
來愈寬敞而平坦。其實，天堂就在此時此地。真正
平安的心靈還會想「去」什麼地方？他豈會放棄平
安而去追求更好的東西？還會有什麼東西比平安更
值得追求？（M-4.㈠.8）

重點摘要

《奇蹟課程》讓我們認清，只要我們肯放下受限於
時空的短視和小我的自私傾向，生活中所有的意外事件
到頭來都會轉禍為福。對於受盡命運打擊的人來說，這
種心境實在遙不可及，然而，失親之痛或任何飛來橫禍
都能夠成為靈性更生的關鍵，讓人重拾克氏所說的「純
真的信心」。

《課程》有時說救恩就在一瞬之間，有時又說可能
歷時千年。然而，它並不鼓吹輪迴觀念，充其量只把輪

迴當作一個有用的概念，提醒人們確實有永恆不朽的靈性生命的存在。它在〈教師指南〉為我們勾勒了靈性意識的啓蒙過程，包括化解、釐清、捨棄、安頓、動盪，以及最後的完成階段。這些階段為動盪不安的人生際遇提供了彌足珍貴的座標。短期間，這類轉化過程很可能令人無法消受，但我們遲早會嚐到它所蘊含的祝福。

13 全天候的寬恕功課

你想要幸福、平靜的心、明確的目標、超越世界之
上的尊嚴與美感嗎？你想要得到關心，感到安全，
以及隨時受到穩妥的保護那種溫馨的感覺嗎？你想
要那不受侵擾的寧靜、永遠不受傷害的溫柔、深刻
而持久的慰藉，以及不受攪擾的完美安息嗎？寬恕
會給你這一切，甚至更多。（W-122.1:4~6;2:1）

〈學員練習手冊〉期勉學員投入時間的久暫和心力的深
淺，在最初的幾課，可謂微乎其微，例如第一課的末段說：
「最前面三課的練習，一天不要超過兩次，早晚各一次最
好。每次盡量不要超過一分鐘，除非這讓你覺得過於倉促。
輕鬆自在的感覺十分重要。」進入第四課，所要求的練習次
數悄悄地提高了一截，但仍殷殷叮囑學員切莫操之過急：
「今天，複習的次數不要超過三或四回。」然而，到了第二
十七課「首要之務，我願看見」，試圖提高學員專注力的用
意已經表露無遺：

若要達到最大的成效，必須再三複誦今天的觀念。至少每半小時練習一次，多多益善。甚至可以試試每十五或二十分鐘複誦一次。最好你能定時複誦這一觀念，從一早醒來或醒後不久就開始練習，一天之中，試著持之以恆。即使在與人交談，或忙著其他事情時，也不難做到。你仍能暗自複誦這一短句而不打斷手中的工作。（W-27.3）

及至第九十五課「我是一體自性，且與我的造物主一體不分」，操練次數更為密集：

在你目前的學習階段，白天若能拿出每小時最初的五分鐘來練習，效果會特別顯著。目前，你很難在較長的練習中保持不分心狀態。你如今一定對此感觸頗深了。你很清楚自己的心思缺乏訓練到什麼地步，也明白自己多麼需要在心念上下功夫。你必須意識到這個問題，因為它確是你進步的一大障礙。

在這一階段，頻繁而簡短的練習，也會帶給你其他的好處。除了體會到自己缺乏專注力以外，你一定也注意到了，若不隨時提醒自己這目標，你會隔了好久還想不起來練習的。你也常忘了每天的「短式」練習，你尚未養成隨時用此觀念來應付誘惑的習慣。（W-95.4,5）

　　《奇蹟課程》所說的「誘惑」與基督教原罪的意涵大異其趣，它是指我們誤把身體和小我當作自己的那種傾向：「不論誘惑以何種形式呈現，所影射的不外乎你想成為『非你』的那個幻想。」（T-31.VII.12:1）我們很難想像，普世之中，有誰能不受制於這類誘惑，不把這具身體當成真正的自己！正因如此，《課程》才會採取「快刀斬亂麻」的教學策略，打破學員的思考慣性。其終極目標所在，乃是幫助我們以一種「超越的慧心」，慢慢取代對世界愈陷愈深的執著，尤其是那些我們習以為常且視如珍寶的信念。第一百三十二課「我要把世界由我所認定的模樣中釋放出來」，所描述的正是這一心態：

> 除了你的信念以外，還有什麼束縛得了世界？除了你的自性以外，還有什麼拯救得了世界？信念的能力確實可觀。你心中的想法具有強大的能力，幻相所導致的後果和真相一般強大。瘋狂的人認定自己眼中的世界千真萬確，且堅信不疑。你若質疑他想法所導致的後果，他絕不會為之所動。唯有從那些後果的起因去質疑，他才有解開這一枷鎖而重獲自由的可能。（W-132.1）

　　為此，我們可以這樣說，《奇蹟課程》要把學員帶入一種新型的「皈正」（metanoia）心態，基督教通常譯為「悔改」，韋氏大字典解釋為「心靈的巨大轉化」。由此可知，

光是信誓旦旦的悔罪或重新做人，並非道地的「皈正」。根據《課程》的看法，「皈正」要求一種基本修養，就是磨練自己的心志，堅持以寬恕的心態面對每一天每一刻發生的事件與境遇。確切的說，這種「皈正」心態正是「全天候的寬恕功課」。

「觀念離不開它的源頭」

我們之所以鍥而不捨地操練寬恕，目的並不在於饒恕世界無法滿足我們的罪過，而是要教我們認清「一切外境全都源於自己的心念」，世界不過是我們內心對自己根深柢固又錯綜複雜的定見所投射出的倒影。也因此，「寬恕眼前的世界」，其實就是一次又一次寬恕我們對自己的評價。第一百三十二課接著又說：

> 你只需改變心裡對自己的看法，世界就由各種痛苦中解脫了。沒有一個世界脫離得了你的觀念，因為觀念離不開它的源頭，整個世界都是根據你內在的意念而維繫下去的。（W-132.10:2~3）

準此可知，「全天候的寬恕功課」，前提在於認清眼前的世界不過是自己內在想法的投射，無論這世界帶給我們歡

樂或沮喪,是否合乎自己的期望,乃至來了個晴天霹靂,說穿了,它們全是自己每一刻每一妄念的傑作。這一說法好似令人難以置信,但這正是《課程》的重點,它提醒我們心靈無時無刻都在造境,不論是順境或逆境,我們只是不敢承認自己的心靈有此能耐而已:

> 心靈的能力是非常強大的,它絕不會失落自己的創造力。它不眠不休,時時刻刻都在創造。思想與信念匯聚成的高壓能量確有移山倒海之力,這對許多人是不可思議的事。乍看之下,相信自己有此大能好像是種傲慢,然而,這並不是你不相信的真正原因。你寧可相信自己的心念產生不了真正的作用,因為你真的很怕自己的心念。你希望這樣能夠減輕一些罪惡感,但你卻付出了「把心靈視為無能」的沉重代價。你若相信自己的想法不會產生任何作用,即使你不再那麼害怕它,但是,你也不可能尊重它了。沒有「無謂的念頭」這一回事。你所有的想法都會在某個層次產生某種有形後果的。(T-2. VI.9:5~14)

千真萬確,但也無比荒謬的,我們投射出眼前的世界之後,卻對自己一手打造的傑作大惑不解又應接不暇,彷彿它根本不受自己的控制似的。試想,我們選擇自己喜愛或憎惡的對象,挑揀與誰共事,對誰又避之唯恐不及。我們非

但看到自己活在這具差強人意的身體內，自然也會把別人看成區區一具身體，把自己的願望、嫌惡及怨恨通通投射在那些形體上頭。由是，我們眼中的世界充滿了各式各樣的「差異」，不但給足了我們討價還價的餘地，還能夠時時奮起，跟它抗爭不休，藉之，世上一切的糾葛都得以合理化，而自己也彷彿找到了安身立命之道似的：

> 這一切差異性究竟源自何處？它們一定好似發生於外在世界。然而，是誰在判斷肉眼之所見？絕對是心靈。詮釋肉眼所獲的訊息且賦予「意義」的，也是心靈無疑。因此這個意義絕對不存在於外在世界。肉眼所見的「現實」其實都是人心想要看到的景象。是它把自己的價值層次投射到外界，然後再派遣肉眼去把它找回來的。肉眼必須透過那些分別相才能看見東西。然而，知見的形成不是靠肉眼帶回的訊息。它完全是建立在心靈對那些訊息的評估上；因此，只有心靈才能對自己的所見負責。唯有它能決定所見之物究竟是真實的還是虛幻的，是自己想要的還是不想要的，要帶給身體的是快感還是痛苦。

> 錯誤的知見就是透過那擅長揀擇取捨的分別心而潛入的。因此，修正的功夫必須由此下手。心靈靠它先入為主的價值觀來識別、鑑定肉眼帶回的訊息，

是它在決定感官所搜集來的每個資訊如何排列組合。這種判斷基礎何其荒謬！它毫不自覺，這些與存在於它內的鑑定系統不謀而合的東西，都是人心自己求來的。唯有如此，它才能斷言自己的鑑定系統必然真實可靠。所有的分別判斷都是依據這一原則，因為整個世界的判斷都建立在這一基礎上。這種混淆人心且荒誕不經的「推論邏輯」怎麼可能值得信任？（M-8.3,4）

《課程》用全方位的寬恕來取代小我的邏輯。小我的推論不斷衍生出各種分別判斷，且賦予種種意義，再將我們的所知所見和經驗一一對號入座。因此，寬恕的操練必須循序漸進，一開始免不了藉著特定的對象或外境，慢慢地，我們會愈來愈敏覺於內在的聖靈之音，那是跟小我的思考方式截然不同的體驗：

你似乎很難接受，你內心缺少一個足以調整自己念頭的基準。唯有聖靈的課程能利用奇蹟的光明例證，教你看出你的調整方式有誤，祂要為你指出一條「更好的途徑」。（T-14.X.6:1~2）

聖靈只有一種判斷，即是二分法：一是愛，另一則是向愛求助。你自己是作不出這種二分法的判斷的，因你的迷惑已深，不但無法認出愛，更難以相

信其餘一切只是向愛求助的呼籲罷了。你太受外在
形式的束縛，難以看清它的內涵。你視為內涵的，
其實不是內涵。它只能算是一種形式。你並沒有把
弟兄的要求當成給你的禮物而予以答覆，你只是
根據小我對那禮物先入為主的看法而去回應罷了。
（T-14.X.7）

一言以蔽之，為了教我們以健康的心態去回應眼前的世
界，《課程》不得不切斷我們慣性的思考模式，重新培養我
們的知見能力。既然外頭所呈現的一切不過是內心之愛，或
是人心對愛的渴求，我們當然只有一種回應方式，那就是報
之以愛。

《奇蹟課程》多次指出，寬恕並不等於愛：「縱然它是
療癒之源，但它充其量也只是愛的使者，而非愛的源頭。」
（T-18.IX.10:3）可以說，寬恕開啟了愛的大門；因為唯有寬
恕，才能扭轉小我看待世界的眼光和應對模式。只要我們鍥
而不捨地操練寬恕，小我自然會慢慢退場，轉而由聖靈的
慈愛之音主導每日的生活。只要持之以恆，有朝一日，我們
必會認清：這個世界的幻相真的是自己的錯誤觀念投射出來
的結果——只因我們如此堅信不疑，認為自己設想出來的妄
見不僅離開了自己的心念源頭，還能從外面反身操控自己的
生活。其實，這一切從未發生過，只是一場夢而已。唯有如
此認清，我們才可能與世界重修舊好；至於能和解到什麼程

度，全看我們內心的妄念能消褪幾分。

腳踏實地的寬恕

我先前提過，在三十歲左右，開始透過寬恕來減輕疾病的負荷、加快療癒的腳步。雖說免疫系統的崩潰，起初好似出自某種不可知的因素，到後來我總算明白了，那其實是一種無意識的抗議，藉此，我不自覺地傾洩兒時累積的種種怨憤，以及日後對這無情世界的不滿。

研讀《課程》一年左右，我逐漸意識到，生病前的那段歲月，對身邊各種大小事一貫懷著的憤怒心態，正是我前半生陷入死胡同的最大關鍵。簡單來說，我原本只怨神，不信神以後，我看什麼都不順眼，反正不是某個全能的神在我想要或相信的事上處處作梗，就是眼前這個冰冷無情的世界為我的幸福與成功佈下了重重關卡。

這一覺知，帶來了我這一生的轉捩點。因為我終於看出自己漫天漫地的憤怒是多麼的不切實際！即使一一追究每件事的是非對錯，確認了每個憤怒都「合情合理」，我仍然找不到解套的方法。但是，我若能從這些林林總總的憤怒看出那不過是自己在人間的一貫反應，那種怨懟心態就很難站得

住腳了。例如，看到自己「決心與神或全宇宙對抗」本來就不是追尋快樂或充實人生的良策；採取那一策略，可以說一開始就輸定了。

洞悉了小我心態是如此百般折騰自己後，我隨即豁然開朗，原來，我的憤怒並非真的針對那些不悅之事而發的。雖然我不知道那些憤怒是怎麼來的，但我十分清楚，在那些事件發生之前，憤怒早就在那裡了。只要事情不如我意，它就成了我既存怒氣的代罪羔羊。用《奇蹟》的話來解釋，我心裡早已埋設了種種先入為主的分別取捨模式，就等著「外頭」的事件一一對號入座。回想起來，種種的抗議之聲，所反映的，正是我那堆分別取捨的預設模式：

- 我又被騙了
- 世上沒有人會真心愛我
- 人們根本無意把事情做好
- 別人好像做什麼都不會自食其果
- 這世界糟透了

這不過是其中極少數的幾個而已。即使我現在舉得出例子，並不表示我當時意識得到自己那些先入為主的分別心；而我之所以會被這一模式一再操弄，正因為我每每只意識得到它的冰山一角，而且還視為理所當然。無論哪一種經驗，似乎都能自動套進某句抗議之聲，印證我那憤世嫉俗的心態

是正確無誤的，這尚且爲我帶來一種詭異的滿足感。現在回顧這樣的模式，想想，自己會罹患「慢性疲勞症候群」，真的沒什麼好大驚小怪——我整個心理和情緒早已陷於慢性疲勞的狀態很久很久了。

隨著我寬恕內心各式各樣的大小煩惱，我也漸漸看清了自己所有的痛苦和沮喪其實都出自同一個吶喊著「沒有人愛我」的抗議之聲。幸好，每寬恕一次，這一抗議之聲的威力就會略減幾分。舉例來說，我在寬恕母親的過程中才慢慢理解，她其實已經盡力去愛家人了，她一直設法從絕望的叢林深處探尋一條出路，試圖和人親近，表達她的愛。也許她失敗了，但這並不意味著她沒有愛心。

看得更長遠一點，我開始感到，過去自己覺得必須擊垮神、和整個宇宙對立，才能爲自己保住一席之地，那眞是一種無可救藥的傲慢！然而，我同時也明白，這種傲慢出自心裡某個「非我」的部分，它確實主導了我前半輩子的生命基調，直到這憤世嫉俗的人生邏輯徹底崩解，以重病收場爲止。《課程》是這麼說的：

> 傲慢爲你營造出一個虛幻的自我形象。當上主的天音向你保證，你有能力、智慧，神聖無比，而且超越那一切形象時，這個自我形象自然驚駭莫名，設法退卻推辭。其實，你並不像你的自我形象那般軟

弱無能。你既非無知，也非無助。罪惡污損不了你
的真相，痛苦也威脅不到上主的神聖家園。

上主的天音要告訴你的，就是這一真相。祂一發
言，自我形象便會戰慄不已，搖搖欲墜；它不知威
脅來自何方，只會慌亂地反擊。隨它去吧。
（W-186.6,7:1~3）

唯有看清了我的憤怒和虛張聲勢的自我形象一點也不真
實，我才可能明白小我本位那種「活法」是多麼地不切實
際。儘管這一領悟來得很遲，但它確實為我證明了，「唯有
寬恕，才是最實用的人生策略」。

寬恕的長期效益

走出七年的痼疾，讓我堅信不疑，寬恕不僅幫人釋放長
年累月的憤怒，還能療癒憤怒對身體造成的傷害。不過，在
初期，我只知道寬恕是一種能幫人克服昔日陰影的人生態
度，並未發現在療癒過去創傷之餘，寬恕還有一股推動生命
向前的巨大能量。

病癒後的二十多年來，我持續研讀《課程》、操練寬
恕，愈來愈能體會到這一療癒心態的諸多效益。說起來，這

些效益並無神奇之處，它們不過是隨著寬恕之心增長而自然開啟的生命潛能。老實說，如今的我，並非完全不會生氣或記仇，但一碰到情緒起伏，我能夠更敏銳地察覺那些糾結，也更願意向內在智慧尋求指引，以不同的眼光重新看待事情。這種「知見的轉化」正是寬恕的精髓，適足以幫助心靈從小我一貫的防禦模式中脫身。這是真的，我愈是練習寬恕，就愈能領受到以下這些成效：

★ 自我覺知的療癒

　　精神分析之父佛洛依德曾為他的個案寫過一段話：「如果我們能成功地將你歇斯底里的傷痛發作轉為普通的不快樂，就算是大有斬獲了。」雖然當代心理治療對療癒的期許比佛氏樂觀許多，傳統治療仍不出「調整小我」的範疇，最多只能幫患者「看出」問題的癥結，未必能幫他「走出」這一模式。以我自己接觸《課程》前後的療癒經驗來說，心理治療確實讓我看見往日習而不察的偏見和盲點，但《課程》的寬恕卻讓我不只是停留在「看見」，而是進一步激發出內心真正的轉化，而且，它更快，也更直接。

　　「寬恕」之所以有此神效，是因為它著重於喚醒學員本有的自我意識，那遠比小我眼中的自己更廣大、更客觀，且寬容得多。如果我們知道自己從未失落這一深刻睿智的智慧

之源，而且只要向它求助就能改變看待事情的眼光，那麼，
每一時每一刻的自我覺知都會化爲療癒的力量，不再去鑽
「傲視群倫、誰與爭鋒」那類牛角尖了。

★ 生生不息的創意

前文提過，我在二十多歲時由於前途茫茫，加上層出不
窮的個人問題，空有一股寫作熱忱，卻始終無從發揮。從那
場耗去我大半青春的重病走出後，沒多久，創作的靈感泉湧
而來。隨後的十年，我不停地寫，發表了近百篇文章，出版
了幾本書，包括兩本小說。我成立自己的出版社，也爲其他
出版社寫書，行有餘力還爲靈性書籍提供專業編輯和出版諮
詢的服務。

現在能以寫作爲業，連同所涉及的題材，都不是年輕時
的我想像得到的。當年我雖有寫作的衝勁，卻找不到適當的
表達形式和題材。我目前最成功的作品都與寬恕有關，例如
《寬恕之路／暫譯》一書（*The Way of Forgiveness*），而且
愈是深入寬恕，我的寫作、編輯和擔任文學顧問的功力也愈
見醇厚。抱負或野心已不再是我工作的主要動力，如今，我
的動力完全來自開放心境中的直覺或靈感，遠甚於自己絞盡
腦汁的「聰明點子」。相對於往昔，那樣爲萬方矚目的「成
功」而殫精竭慮，我現在的感覺是，唯有探索和分享人生眞

相，我才會寫出最好的作品。

★ 深刻地了解人性

　　寬恕讓我更為「了解人性」，這話聽來有些詭異而浮泛，卻是我的經驗之談。在此，我很樂意點出其中的奧妙：寬恕改變了我判斷周遭人事物的基準，不再以二元對立的好壞對錯為前提，同時，也不斷質疑自己的所知所見。透過這種開放的探索心態，我才可能更清楚地認識別人。

　　說穿了，「人性本惡」的人性觀不過是一種先入為主且憤世嫉俗的偏見，如果我們真的相信「人性本惡；人不為己，天誅地滅；人在江湖，身不由己」諸如此類的老生常談，那麼，無論別人做什麼，都勢必會落入這些預設的觀點，因而鞏固了原有的偏見。同理，一廂情願地認定「人性本善」，也會淪於另一種不由分說的盲從。在這兩極的人性觀下，凡是無法簡單化約成黑或白的行為，我們自然就視而不見了。年輕時，我是極端憤世嫉俗的，練習了寬恕，我才懂得用更開放的心態看待人類的所作所為，不再習慣性地貼上各種判斷的標籤，愈來愈能敏銳覺察自己的貿然判斷，且能「重新打開覺知」，還原事情的本來面目。

　　我之所以能持續保有這種開放的心態，完全要歸功於

「我知道自己的判斷不可能不帶任何投射，而那些投射其實正反映著我對自己的觀感」。你看，結論便很清楚了：與其為了肯定自己而急於判斷他人，還不如承認自己什麼都不知道。《課程》這麼語重心長地說：

> 除非你拜世界為師，否則世界無法傳授給你任何形相。終有一天，這些形相都會消逝，你才恍然大悟自己根本不知道自己的真相。唯有如此這般地將心靈徹底開封，真理才能無罣無礙地回歸你的心中。你在哪兒放下自我概念，真理就會在那兒呈現自己的真相。只要你開始質疑自己的每一個概念，認清了它所假定的前提根本經不住光明的照耀，真相便能脫穎而出，進入那不受罪咎污染的聖所。世界最怕聽到的就是你這一自白：
>
> **我不知道我是什麼，也不知道自己在做什麼，或身在何處，更不知道該如何看待世界，或看待自己。**
>
> 你若學會如此自白，救恩就來臨了。你的真相便會向你啟示它自己。（T-31.V.17）

★ 信賴感油然而生

在三十歲重病之前，我過著典型的小我生活：只顧打點

自己，維護自己的習性，死守心中對人事物的種種定見。但其實，我愈活愈恐懼，只是不敢承認而已；我還暗中和內心的恐懼談條件，企圖從生活裡擠出一點小小的樂趣。在這種心理狀態下，再平常的生活也勢必草木皆兵，能夠讓我推心置腹的，簡直寥若晨星。還好，我不難找到幾個活得比我更慘的人來聊以自慰，覺得自己還算勉強過得去。

　　走上寬恕的靈修之路，意味著我必須放棄原先的習氣，開闊眼界，它教我一種截然不同的方式面對恐懼：承認自己意識到的一切情緒，卻不必對它們言聽計從。這種全新的意識狀態，讓我愈來愈覺得有一種難以形容卻無所不在的智慧在照顧著我，有時我稱之為上主，其實那就是愛。我相信每個人即使難免走偏或失足，也都莫不卯盡全力，尋找或發掘同一個愛的泉源。說得實際一點，我不敢說寬恕之路會比小我之路更容易走，反之，也許從某些角度來看，它所要求的可能更多。但這一切，我覺得值得。對我而言，現在的生活無疑更有意義，我不但在成長路上找到了方向，也知道能為別人做些什麼。還沒接觸《奇蹟課程》之前，我嚴重缺乏自信，不僅時時刻刻感到自身難保，壓根兒也談不上幫別人什麼忙。

★ 平安篤定的心境

我感覺到寬恕還有增長「韌性」的實質效益，那是一種心理和情緒上的柔軟，讓我能以平安的心和活潑的熱情，面對生活中種種的驚喜和挑戰。這並非意味我永遠不會被激怒，而是說我能比以前更快就恢復內心與外在的平衡。初讀《奇蹟課程》的人，若真把「世界是虛妄的」驟然讀進心裡去，肯定會如第十一章所說的陷入混亂，不知所措。但在持之以恆地操練寬恕之後，我們會一次比一次更深入體會「超乎世界之上那個永恆的愛的源頭」，由是，我們才可能活得真正篤定而安穩，不再把世界視為一種威脅，自己也才有能力以愛來回應任何挑戰。這種內在的平安，你會知道，是如此真實，如此不可言喻。《課程》借用《聖經》的說法來形容這種心境：

> 別忘了，你的心在哪裡，你的財寶就在那裡。你重視什麼，就會對它信任不已。如果你心懷畏懼，表示你的評估有誤，你的理解也會跟著作出錯誤的評估；你若賦予所有念頭同等的威力，你的平安便難以立足。為此，聖經才有「超乎人所了解的平安」一說。沒有一個錯誤撼動得了上主的平安。它「否認」了任何不是來自上主之物具有左右你的能力。
> （T-2.II.1:5~11）

　　究竟而言，寬恕的終極目的所在，是為了將我們的意識從小我有限的時空世界（亦即有形有相的世界）釋放出來，回歸那個絕對抽象的無限之境，《課程》稱之為「真知之境」，也就是與上主一體的境界。毋庸置疑，這條路是漸進式的，我們會一點一點的甦醒，而不是由眼前的紅塵夢境直接躍入真知之境，否則，我們會因為害怕失落眼前熟悉的一切，寧可放棄那更大的生命實相。也因此，《課程》說：「不必擔心自己會在瞬間被連根拔起而捲入真相裡。時間是仁慈的，只要你將它用在真相上，它就會不疾不徐地陪你穿越這一過渡期。」（T-16.VI.8:1~2）這是真的，我們大可放心，絕不會被「一棒子趕進真相」的，《課程》會一路陪伴我們，幫我們以日益成熟的寬恕練習，將眼前的虛妄之境逐漸轉化為幸福美夢。

重點摘要

　　〈學員練習手冊〉設計了循循善誘的「課表」，最初幾課只是簡單的複誦幾句話，不要求學員投入多少時間和心力；但逐漸地，要求愈來愈高。它最終的用意，是要破除我們舊有的自我觀，一步一步導向新的自我，

藉著一以貫之的寬恕心境，取代人心習以為常的恐懼和小我眼光。這一心靈鍛鍊的重點，並不在於為這世界的種種問題脫罪，而是要提醒學員，眼前世界完全是自己內在心念的投射，不要動輒把小我先入為主的分別判斷硬套到這世界上。同時，還教導學員明瞭眼前的一切若非「愛的流露」，就是「向愛求助」，無論是哪一者，我們都應報之以愛，因為，唯獨愛，才是所有心識的真實源頭。

面對層出不窮的人生問題，乍看之下，寬恕不像是可靠的解決方案，大多數人會覺得它既陌生又離譜。但時間自會證明，持之以恆的寬恕修持遠比小我的出謀獻策更有實益：自我覺知的療癒、生生不息的創意、深刻地了解人性、信賴感油然而生，以及平安篤定的心境。總之，全天候的寬恕修持遲早會幫助我們走出人類不快樂的共同困境，慢慢邁向幸福美夢，為無限大愛（也就是生命源頭）的天人合一之境鋪路。

14 覺醒於幸福美夢

你必須先夢到平安，才有機會覺醒於平安。你必須
把自己妄造之物轉換爲眞心想要之物，也就是把噩
夢轉換成愛的美夢。（T-13.VII.9:1~2）

　　或許正因爲我生涯中那一段查證採訪的記者訓練基礎，
對於所謂的「奇蹟」，我向來堅持嚴格的檢驗標準，就算在
舊金山鬧區輕易找到停車位，不論那種機會是何等千載難
逢，並不符合我對「奇蹟」的定義。當然，我的懷疑傾向也
還不至於那麼冥頑不靈，非要將所有好運抽絲剝繭，全都化
約爲不具意義的巧合不可。長年研讀《課程》下來，我已經
知道，我們內心都有一個指針，《課程》稱之爲聖靈，有些
事件確實不能單純地歸諸於好運而已。

　　撰寫本書期間，就有這麼一個鮮活的例子。我的另一半
莎麗某個週五扭傷了膝蓋，隔天依舊舉步唯艱，挨到了星期
天早晨，我們覺得最好盡快買一副枴杖。我上網搜尋，發現
附近的連鎖藥房正好在優惠促銷，於是我們驅車前往。結

果，最近的一家只剩一副過大的枴杖。店經理說鎮上幾哩外
還有一家，我們也專程去了，他們的存貨選擇確實比較多，
可惜還是太大。我們本想在回程繞到醫院裡的藥局看看，
但找不到就近的停車位只好作罷。莎麗光是走動幾步就很費
勁，一天折騰下來也倦了。我先帶她回家，自己再開五哩
路，到另一家大賣場附設的藥局去試試。

那裡依然沒有我要的尺碼，回到車上，連我也累壞了。
真沒道理，怎麼連這麼普通的醫療器材都買不到，但事實擺
在眼前，我週詳合理的計畫全是徒勞，再這麼一家家奔走也
意興闌珊了。這時，我突然想起《課程》一句話「『去找，
但不要找到』是小我的一貫指令」（T-12.IV.1:4），於是我閉
上雙眼在心裡探問，請聖靈給我一點不那麼理性的靈感。我
那時這樣問自己：「這事還有沒有其他的途徑？請幫我找出
我目前無法看到的解答。」

才問完，腦海裡自然浮現一個清晰的畫面，是離停車處
不到一哩的商場，我知道那裡有一家藥房。但是，想到剛剛
去兩家同樣的連鎖店都撲了空，我對自己說：「尺碼一定不
合，不用白跑了。」這時，心裡卻浮出另一個極其肯定的聲
音說：「去吧，你會找到自己需要之物的。」

我遂開往那個購物中心，藥房附近沒有車位，我得停遠
一點再走上一段。不出所料，這家藥房只有一副枴杖，尺寸

仍然不合。我不免幾分悻悻然，唉，連聖靈都不管用。這時，心裡突然閃過另一個念頭，還是問問藥師吧，或許他們還有小尺碼的庫存。結果藥師說：「抱歉，都沒貨了。你可以去對面超市看看，那裡有藥房，或許也有枴杖。」

好吧！多試一次，再不成，我就要放棄了（走過去時，才發現原來我的車就停在那家店的入口處，當時完全沒留意到）。藥房櫃檯後有兩位工作人員正在值班，我上前詢問，經理說他們沒賣枴杖，站在我正前方的女藥師卻露出驚訝的表情說：「我車裡正好有一對枴杖，本來星期五要捐給慈善機構的，但那天我忘了，很高興能送給你。」後頭的事就不待細述了——不過，這副枴杖的尺寸完全符合莎麗的身高，而且比我那天看到的特價品更精緻耐用。

「奇蹟一直都在那兒」

對我而言，這個經驗有好幾個符合我心目中「奇蹟之要素」，「同步性」即是其一：我在找枴杖的同時，那位友善的藥師車上正好就有一副。懷疑主義者大可說那純屬機率，只要我繼續找枴杖，早晚會遇上這種巧合的。但我認為，這個說法更為牽強，我寧願相信那位藥師和我在潛意識是相通的；並不是說我們刻意要與對方連結，而是我們懷有相同的

目標，也就是幫助有需要的人。以藥師那一方來說，這一目標讓她生起「捐出」之意，將枴杖放到車上，雖然她星期五忘了，到了星期日她還記得，而且仍然想要捐出去。在那同時，我因萌生放棄的念頭轉而向內心更深層的智慧求助，才得以與那位女士的助人美意相應而與她會晤。

看到這裡，讀者或許會誤以為《課程》不過是教人如何與一個以「聖靈」為名的智慧之源連線，請祂大展神通，插手解決人生大大小小的問題，滿足我們在人間的種種需求，讓我們一路平安順遂。確實，不少讀者和若干的學員是如此誤解《課程》的，把它當成了另一種新時代法門。但根據我的親身經驗，《奇蹟課程》不是這麼「玩」的。如果我們想真正由這部課程獲益，不能不先釐清「奇蹟」是如何發軔起用的。

〈正文〉一開始揭櫫的奇蹟原則，或許能解釋我和這位藥師靈犀相通的奇遇：

奇蹟是愛的自然流露。真正的奇蹟在於那能激發奇蹟的愛。為此之故，凡是出自愛的就是奇蹟。

奇蹟原是最自然不過的事。當它匿跡不現時，表示你的生活出了問題。

整體性為奇蹟提供了一個有形可辨的內涵。如此它

才能修正或贖清匱乏之見的錯誤。（T-1.I.3,6,41）

〈學員練習手冊〉第九十一課「奇蹟只顯現於光明之中」繼續提醒我們如何去看待奇蹟：

> 你應銘記於心，奇蹟與慧見必須同步出現。這話需要反覆地念，不斷地複誦。這觀念是你的新思想體系的核心，也是由此體系而生的新知見。**奇蹟一直都在那兒**。它不是因著你的慧見而出現的，也不會因著你的盲目而消失。唯一受到影響的是你對奇蹟的覺知。你只能在光明中看見奇蹟，在黑暗中你一無所見。（W-91.1）

「奇蹟一直都在那兒」這句話意味著，「行奇蹟」絕不是為了滿足一己所需，因此去學習操縱自然律，而是我們下定決心，時時刻刻著眼於那個完整而不可分割的真愛之境，不受任何因恐懼而混淆扭曲的知見所惑。通常，小我是不甘如此的；但只要我們願意，哪怕只有一點點的願心，便足以開啟慧眼、目睹奇蹟了。

別忘了，《課程》再三提醒我們，人類與生俱來一種根深柢固的錯覺，認定自己活在身心分立的軀體、光明黑暗對立的世界，飽受時空分割之惑，活得孤獨而痛苦。其實，在這有限的存在幻相背後，藏有一個永恆、無限而且純然光明的境界「**一直都在那兒**」，由最細微的粒子通達至無垠宇宙

的每一個角落。我們真正的心靈與這一光明其實是同一物，它的感性內涵就是眾所週知的愛。為此，這一無限且無條件的愛，可說是你我每天所經驗到的世界的最深「內幕」。

我完全堅信不疑，我們在人間經歷的奇蹟，僅僅是自己在那一刻決心著眼於「存在根源的光明與大愛」的吉光片羽而已。當我發現那位藥師恰巧有我遍尋不得的枴杖時，原本令我沮喪莫名的「匱乏之見」頓時獲得了「修正」。正因我願意放下小我的盤算，開始向內心深處的智慧求助，才可能和另一個人的善心交會。這對我宛如上天的提醒，讓我看到靈性境界的「整體性」—— 我們原是一體相通的生命。雖然比起《課程》為我們開啟的浩瀚無邊的真理之境，這個奇蹟只能算是一個小小的點撥，卻可說是我對圓滿真相突破性的「覺悟」，凸顯了我舊有人生觀的狹隘可笑。從某種角度來看，那也剛剛好是當時的我允許自己體驗到的奇蹟。

「接近愛的真諦」

試問，倘若我們原本就能從支離破碎的人生現實背後瞥見那指向圓滿之境的奇蹟，為什麼我們不去選擇看到更多、更棒的奇蹟？例如，為什麼我和莎麗「不敢」指望她的膝傷很快就會痊癒，根本不需要枴杖？我們周遭不也流傳了無數

有憑有據的療癒故事？只要我們真心相信自己本來即是圓滿健康的，照說，莎麗也會不日就痊癒。深入審思這些，不禁讓人想問：為什麼我們不敢隨時體驗奇蹟，讓自己的日子好過一些？

答案其實很簡單：我們並「不想」隨時見證奇蹟，因為一連串的奇蹟經驗必會對我們的存在感造成莫大的威脅。想想，如果我們逐漸不受種種障礙和疾病所限，總有一天我們會意識到身體本身就是靈性最大的障礙（如果你經歷過夢中飛行的忘我之樂，便會明白此意）。即使回歸上主是至福至樂的保證，若要拋下身體與小我，匯入上主純然抽象之境，對我們仍是一種萬般迫不得已且驚懼至極的犧牲。

我曾經採訪一位戒癮諮商師，他用潛水人在深海突然脫掉氧氣罩作比喻，說明驟然戒毒帶給患者的威脅和恐懼，只能用「難以想像」來形容。對於依賴藥物成癮的人來說，拿掉他的成癮藥物不啻宣告他的死亡，而絕非如獲大赦。同樣地，我們對這個「自己＝身體」的慣性思維也上了癮，甘心為它忍受種種恐懼和疏離，甚至把愛視為可怕之物，避之猶恐不及。《奇蹟課程》有一段話：

> 只要你一呼求真相，真相便會迫不及待應邀而來。
> 不論你選擇什麼道路，倘若知道是誰在陪你同行，
> 你絕不可能害怕的。可惜，你對祂渾然不覺，因

為黑暗的旅程是如此漫長而無情，你已經陷得太深了。你的眼瞼緊閉了這麼久，一閃即逝的光明不足以讓自貶身價的你重建信心。你雖朝著愛走去，卻仍懷恨於心，自然會怕愛無情地審判你。你尚不明白，你真正怕的不是愛，而是被你扭曲的愛。如今你愈來愈接近愛的真諦，也逐漸放下自己蓋在愛上的一切幻相。你若還想逃回那些幻境，只會加深你的恐懼，因為你心目中的那種愛確實可怕無比。（T-18.III.3:1~8）

我自己在「接近愛的真諦」的路上，往往是進三步又退兩步，也曾擔心這樣練習寬恕下去，只會讓自己的困境雪上加霜。然而，現在回想起來，幸好我累積了一些「平安的資糧」，為我一次又一次解除人生難題。當中，最大的挑戰即是我對死亡的恐懼，它在我接觸《課程》前就不斷困擾著我。年輕的我，當然不是害怕實際的死亡或生命可能瞬間消逝，但我始終懷著一股很深的憂懼，擔心自己來不及在世間留下什麼就一命嗚呼。我不曉得這世界到底「期待」我做出什麼，只是焦慮不已，唯恐撒手人寰之前沒能向世界證明「我的價值」。更清楚地說，我彷彿得先做什麼來掙得自己活在人間的權利，才能舒坦地面對「總有一天將離開這兒」的事實。

回想起來，我的焦慮其實源自於極度的不安全感，而這

原本就是小我對自身價值和真相必然會有的心態。正因小我的勝利總是短暫，結果也往往不盡如人意，若不是遇上《奇蹟課程》，我可能一輩子就此焦慮下去了。雖然它並沒有用哪一課或哪一段來答覆我的問題，但我研讀《課程》沒多久後，也就是發現自己罹患慢性疲勞症候群那一陣子，某天醒來，內心洋溢著一種平安寧靜的感覺，覺得就算此刻離開人間，也了無遺憾。那時，根據醫師的診斷與我的直覺，我知道自己還有一段時日好活。縱然我也可能不堪疾病折騰而自行了斷，但在那一刻，時時刻刻啃噬著我的那種「還沒有好好活過、奮鬥過」的焦躁突然消失無蹤，在我意識深處從此多了一分清朗和平安。

這一體驗並不表示我已經百害不侵，永遠不再為死亡憂慮，只是知道自己不必再跟死亡無休無止地搏鬥。我相信，這是因為我已看清：自己所恐懼的「死亡」，原來僅僅是小我不甘放棄既定的生命規畫而作的垂死掙扎。雖然我還有個「我」，而且這個「我」還挺能應付日常生活的，但我現在對於別人「對這個『我』的攻擊」已不再那麼敏感，也不再非孤注一擲地證明「我」的價值不可了。

雖然如此，我偶爾仍不免上演防衛和自保的戲碼，然而，我確實比較容易用慈愛的眼光看待那些反應了，就如同看待胡鬧的孩子一般。同時，當我面對一些汲汲求取自保和肯定的人，我也愈來愈能體諒他們的身不由己。的確，無

論是處理自己或別人的恐懼戲碼，我漸漸能以寬容來取代批判。日復一日，這種反應也逐漸成為本能，讓我明白自己既無需向小我宣戰，也無需對立或譴責，只需如實觀照小我，並以關愛相待。只因唯獨愛才化解得了小我；與小我抗爭，只會強化它的防禦，反而讓它控制了我們的意識。

心靈成長本是一個起起伏伏的過程，有時覺得好似更接近無條件的愛，轉眼又跌落小我的習氣和信念裡，然而，這正是《課程》認為必經的過程：

> 可別忘了，這旅程一旦展開，結局就已成定數。一路上，你的疑慮難免此起彼落，周而復始。然而，結局已定。沒有人會完成不了上主指派給他的任務。當你忘卻自己的任務時，請記住，有祂伴你同行，祂的聖言已銘刻在你心上。懷有這希望的人怎麼可能絕望？雖然絕望的幻相仍會不時來襲，但你已學會不受它們的蒙蔽。（C-結語.1:1~7）

《課程》常用證入「真知之境」代表靈修之旅的終點，也就是全然與神合一之境，這一境界絕非人間任何經驗所能比擬。明白地說，我們無法由這兒直接升到那裡，只因這旅途的「最後一步」不是我們自己能完成的奧妙經歷。然而，我們可以學習將心靈的頻率調近聖靈之音，它自會幫助我們寬恕一生所有的幻相，為上主終將為我們踏出的最後一步作

好準備：

> 即使是妄造，上主仍然尊重自己兒女所造之物，只
> 因它們出自聖子之手。但祂會賜給聖子另一種思
> 維方式，提昇他們的知見，昇到幾乎與祂觸手可
> 及之地。聖靈即是「救贖之心」。祂所代表的境界
> 與「一體心境」如此接近，打開了度向彼岸的可能
> 性。知見雖非真知，但它是可能被度到真知之境
> 的。「被度」的被動語態在此別具深意，因為最後
> 這一步確實出自上主。（T-5.I.6）

雖說我們無法由塵世之夢直接醒來，一躍而入上主的全
知之境，但我們依舊大有可為，可以改寫自己的人生夢境。
《課程》指出的這條靈修之路，正是要我們腳踏實地穿越自
己打造的一切幻相；一路上可能驚心動魄，但在聖靈的陪伴
下，我們必會走得輕鬆愉快的。

> 「你」，才是世界大夢的夢者。除你以外，世界沒
> 有其他的起因，而且永遠都不會有。你那無聊的夢
> 把上主之子嚇得六神無主，以為自己失去了純潔無
> 罪，害他不只否定了天父，還與自己交戰不已。這
> 夢如此的可怕，看起來又如此真實，你此刻若喚醒
> 他，他一定會受到驚嚇，冷汗涔涔。你應在喚醒他
> 之前將他領到比較溫柔的夢中，安撫一下他的心

靈，他才可能心無畏懼地迎向愛的呼喚。他需要一
個溫柔之夢，與弟兄重歸於好，如此才能療癒他的
痛苦。上主願他安詳喜悅地甦醒過來，故給了他一
條無需恐懼的覺醒途徑。

放下自己的舊夢，接納祂賜你的夢境吧！一旦認清
了夢者是誰，你就不難轉變自己的夢境了。安息於
聖靈吧！讓祂溫柔的夢取代你那恐怖的死亡之夢。
在祂給你的寬恕之夢中，再也沒有誰是兇手或誰是
受害者的問題。在祂賜你的夢裡，既沒有謀殺，也
沒有死亡。雖然你仍閉著雙眼，但罪咎之夢已逐漸
由你眼前消逝。微笑開始在你沉睡的臉龐綻放。你
終於能夠安心入眠了，此後，你只會作幸福的夢。
（T-27.VII.13,14）

忘掉這門課程

迄今為止，已有相當可觀的《奇蹟課程》教師和學者，
獻出畢生之力闡釋這部課程，但平心而論，在這個領域並沒
有絕對的評鑑標準，足以斷言誰已修成正果或已經從這一課
程畢業了。值得矚目的是，《奇蹟課程》好似暗示我們，一
旦能把它的訊息徹徹底底活出來，時候到了，自然就會將這

門課程放下了。

> 你只需這樣做：靜下心來，放下所有你對自己以及
> 上主真相的看法，放下你後天學來的一切世界觀，
> 放下你所執著的種種自我形象。放空心中所有的念
> 頭，不論它是真是假，是好是壞，不論它是你珍愛
> 的想法或是羞於啟齒的觀念。全都放下吧！不要執
> 著你過去學來的任何想法，或任何經歷帶給你的信
> 念。忘掉這個世界，忘掉這個課程，雙手空空地來
> 到上主面前。（W-189.7）

〈學員練習手冊〉最後提醒學員，此後，我們只需隨時
向「上主的天音」尋求指點即可：

> 此後我們不再安排特定的功課了，因為無此必要。
> 此後，當你由世界隱退，開始追求真理實相時，你
> 只需聆聽上主的天音與你的自性之聲。祂會指點你
> 努力的方向，明確地告訴你該作什麼、如何引導自
> 己的心智，以及何時該靜靜地來到祂前，祈求祂那
> 萬無一失的指示及千古不易的聖言。祂的話就是上
> 主賜給你的聖言。你也選擇了祂的聖言作為自己的
> 心聲。（W-跋.3）

結局已經註定，途徑亦然。為此，我們說：「阿
們。」每當你面臨選擇時，都會聽到上主具體的指

示。祂會為上主及你的自性發言，這確保了你不
會落入地獄的陷阱，你的每個選擇都使你更接近天
堂。從今以後，我們與祂同行，求祂指引迷津，將
我們領至平安之境。一路上，喜樂會如影隨形。因
為我們已在回家的路上，邁向上主一直為我們開啟
著的歡迎之門。（W-跋.5）

　　無疑的，正是這一點，讓《課程》在眾多的宗教及靈修
法門中獨樹一格。修完這一課程的學員，完全沒有傳道解
惑、參加教會、協助推廣、供養組織的義務。要成為奇蹟學
員，唯一的投資不過是買一本書（事實上，心靈平安基金會
一直有提供「助學版」的傳統，只要書面申請，便能獲得贈
書）。雖然多數學員都寧可多花點錢，購買某些奇蹟教師的
導讀書籍，就近參與讀書會，或加入更大型的奇蹟團體，但
這一切都出於學員自發的決定。不少學員已把《課程》當成
他們畢生的靈修指標，當然，中途放棄之人，或在緊要關頭
才翻出隻字片語來幫他們度過難關的，也是大有人在。

　　當今之世，確實有不少的宗教組織，位階層級分明到了
令人詬病的程度；相形之下，《課程》這種開放、民主而又
隨緣的作風，更顯得鶴立雞群。它不僅徹底推翻了「罪」的
觀念，又再再重申寬恕的踏實操練，開啟一條更為穩健可靠
的救贖與開悟之路，可說適時回應了當前「只要靈修，無需
宗教」的普遍呼聲，這也讓它顯得更具魅力。最近的調查顯

示，美國成年人至少有三分之一認為自己屬於這一族群，而
十八至二十五歲間所謂「千禧世代」的年齡層，則有百分之
七十二的人偏向這一訴求。

　　雖然有人批評這一族群不過是在各種宗教靈修法門中東
挑西揀，專門擇取自己喜歡的部分，一派在「吃到飽」餐廳
的態勢；然而，這一批評顯然並不適用於《奇蹟課程》。
長年投入的讀者自會發現，《課程》一方面要帶我們走入
內心，探尋上主那種無我且無條件的愛，另一方面卻毫不妥
協地要求我們正視小我的黑暗面。許多學員都提到，這類心
靈的挑戰著實令他們難以消受，有時一「卡」就是好幾年。
即使如此，仍有一大群分散世界各個角落的學員，在沒有牧
師、神父、其他權威的催逼誘導下，依舊為了「某個因素」
而持續操練下去。如前所述，真正讀完了這部課程，或任何
水到渠成的時候，學員隨時都能放下它，自由地聆聽自己內
心的智慧之音（也就是《課程》所說的聖靈），作為終極的
人生指標。

「無程之旅」

　　我生而有幸，在重病時遇上了《奇蹟課程》，讓我看清
往昔的生活方式早就分崩離析了。若非這一大轉折，我仍在

憤怨著這個病入膏肓的世界，即使期盼一些「正人君子」來力挽狂瀾，修正世間層出不窮的問題，似乎也只能暗自禱告，但願那些正人君子具備希臘悲劇英雄的特質（當然了，我心目中的正人君子只限於跟我志同道合之人，跟我愈像愈好）。那一大段歲月，我感到自己好像單槍匹馬，死命迎戰「外頭」那個爾虞我詐的世界，難怪我會罹患「慢性疲勞症候群」！

直到《課程》幫助我看見，那個爾虞我詐的世界根本是我自己搞出來的——將小我心中的交戰投射到世上。這是非常典型的投射，無論小我怎麼弄假成真，妄想畢竟是妄想，這一投射的把戲也註定被拆穿：正因我暗地裡相信自己一定哪裡不對勁，才會覺得這世界一定哪裡有問題。可以說，我對世間不公不義的抨擊，其實是一種變相的自我攻擊，我覺得自己的心態合情合理，《奇蹟課程》卻說我徹底地「神智失常」。

及至後來，我才恍然大悟，《課程》何以那麼強調寬恕！而在初時，我居然還覺得這是一種不智而且危險的人生態度。幸好，即使我的猜疑和抗拒從沒停過，寬恕的療效仍然一點一滴滲進了我的心。我不僅質疑自己過去對世界的成見，承認自己的無知，還慢慢領會出這無明亂世的背後「確實有一股無條件且無限的愛」——這個體驗，對我可說是空前的突破。因為我從小就相信真愛是有條件而且稀有的，是

需要小心呵護的；而所謂人生，說得好一點，只是一齣荒唐的鬧劇，說得慘一點，它根本是一場無可脫身的噩夢。因此，將世界當作一場夢，對我反而稱不上是多大的進展。

如今，我眼中的「世界」猶如羅夏克墨漬測驗，我明白，眼前所見的影像不過反映出自己心裡的恐懼，僅僅如此而已。我若非選擇以「愛」的眼光去看，就表示我寧選「非愛」的眼光。日復一日，我的知見偶爾仍會搖擺不定，有時充滿愛心，有時不免猜忌，有時也沮喪低落。但是，與未接觸《課程》之前相較，最大的不同在於我愈來愈能敏銳地察覺自己選擇了哪種眼光，並願意改變那個知見的基礎。回想起幾年前，常常受困於自己所投射的世界——先把內心長期的不快樂投射到世上，然後，這個被我嚴重污染的世界轉頭過來讓我更加不快樂，令我打從心底作嘔，最後終於病倒了。一點也沒有錯，我過去一直相信，是世界害我活得這麼苦，其結果，我愈想抵制它的操控，我就敗得愈慘。

《課程》一再叮嚀，無論我們選擇愛的眼光或非愛的眼光，正反映了我們寧願活於真相，還是甘願繼續忍受幻相的折磨。我無法為《課程》所提的時間觀、空間觀、物質觀或身體觀一一背書，也不認為必須將《課程》提及的所有理念照單全收才能繼續學習下去，我只是每天力行，檢驗它的原理是否有效。遇到狀況，我未必能當下立即寬恕，但只要我回到正軌，寬恕每每會帶來療癒與轉機，而且幾無例外。我

過去的噩夢，在寬恕的潛移默化之下，逐漸削磨它的利爪，讓我經歷到幸福美夢的光明。儘管寬恕靈修背後一堆形上哲理，聽起來頗為極端，但它屢試不爽，正表示這一套理論足以自成一家之言。

值得再次一提的是，《奇蹟課程》對學員的要求並不多，既無需斷食齋戒懺悔、定期參與教會活動、按時禱告，亦無需跋涉千里尋找開悟上師。此外，更饒富深意的是，《奇蹟課程》將這一段回歸天鄉之路稱之為「無程之旅」（a journey without distance），它只需要我們改變自己的知見，步上這趟「當下即至」的旅程：

> 邁向上主的旅程不過是再次覺醒於你的本來境界以及你的永恆真相而已。那是當下即至的旅程，目標永遠不變。真理只能體驗。那是無法描繪也無法解釋的。我只能幫你意識到真理的先決條件，至於經驗層面，則是上主的事。只要我們同心協力，便已具足了真理要求的條件，但最後讓你開竅的則是真理本身。（T-8.VI.9:6~11）

《課程》又說：「悟道不過是一種體認，它不曾改變任何東西。」（W-188.1:4）這意味著，我們隨時都可以選擇愛的眼光，不再聽從恐懼的慫恿，這才是真正「拯救世界」之道，也就是把世界由我們悲哀和譴責的眼光下釋放出來的

唯一途徑。此後，即使面對最猛烈的戰禍、最無情的人間慘劇，我們都能援引一種超越我們自身的智慧，喚醒或引導愛的流動。千眞萬確，只要掌握了「改變知見」這個秘訣，此一單純無比卻法力無邊的功夫，便會讓我們發現，原來人生處處都是奇蹟。

重點摘要

要理解《課程》所指的奇蹟，首先必須釐清，奇蹟絕非以法術操縱世上的物質現象，而是在人間所有苦難與困境的表相背後，體認出一股完美的愛在支撐著一切。我們究竟能在轉化日常生活的過程中見證多少奇蹟，端看我們願意接受自己的靈性實相到什麼程度；而我們之所以無法隨時經歷奇蹟，只因我們寧可相信小我和身體是存在的實體。所以《奇蹟課程》才說：「奇蹟原是最自然不過的事。當它匿跡不現時，表示你的生活出了問題。」

修持《奇蹟課程》，不會讓我們頓時得到救贖或當下開悟，而是循序漸進，將我們由噩夢幻相抬升至「幸

福美夢」，如此，我們才可能真正感受到那無所不容的真愛。一路上，學員可以少受一點人類困境的折磨；愈能看穿現實人生的表相，就愈能不受制於小我的期待與規畫。

《奇蹟課程》的最終目標，不是讓學員成為它的神學專家，也不期待學員隨時能夠引經據典，而是讓寬恕成為一種「自然反應」，不管碰到什麼樣的人生挑戰，都能記得聆聽聖靈的指點。我們愈能嘗到心靈成長的甜頭，就愈不需要四處標榜自己是奇蹟學員。《課程》獨到的自由開放作風，讓這一頗具挑戰的寬恕法門得以飛入尋常百姓家，這正是「只要靈修，不要宗教」的世代所需要的靈修法門。《奇蹟課程》這本書不需我們為它挺身護法，它只要求學員發出小小的願心——將恐懼的眼光換為愛的眼光，放下小我的本位思想，轉向靈性之我。於焉，我們凡俗的一生必然處處充滿奇蹟。

奇蹟資訊中心
出版系列：

《奇蹟課程》
（A Course in Miracles）——新譯本

《奇蹟課程》是二十一世紀的心靈學寶典，更是近年來各種心理工作坊或勵志學派的靈感泉源。中文版已在 1999 年由若水譯出，並由作者海倫‧舒曼博士所委託的「心靈平安基金會」出版。

新譯本乃是根據「心靈平安基金會」2007年所出版的「全集」，也是原譯者若水在「教」「學」本課程十年之後再次出發的精心譯作。全書分為三冊：第一冊：〈正文〉；第二冊：〈學員練習手冊〉；第三冊：〈教師指南〉、〈詞彙解析〉以及〈補編〉的「心理治療」與「頌禱」二文。新譯本網羅了《奇蹟課程》所有的正式文獻，使奇蹟讀者從此再無滄海遺珠之憾。（全書三冊長達 1385 頁）

《奇蹟課程》
〈學員練習手冊〉新譯本隨身卡

《奇蹟課程》第二冊〈學員練習手冊〉共三百六十五課，一日一課地，在力求具體的操練中，轉變讀者看事情的眼光，解開鬱積的心結。

若水由十餘年的奇蹟課程教學譯審經驗出發，全面重譯這部曠世經典。新譯版一本經典原文的精確度，語意更為清晰，文句更加流暢。精煉再三的新譯文，吟誦之，琅琅上口，饒富深意，猶如親聆J兄溫柔明晰的論述，每天化解一個心結，同享奇蹟。

為方便現代人在忙碌生活中操練每日一課，經三修三校的重譯版，首度以隨身卡形式發行，以頂級銅西卡精印，紙版尺寸 8.5 × 12.6 公分，另有壓克力卡片座供選購。（全套卡片共 250 張）

奇蹟課程導讀與教學系列

《奇蹟課程》雖是一部自修性的課程，只因它的理論架構博大精深，讀者常易斷章取義而錯失精髓，故奇蹟資訊中心陸續推出若水的導讀系列、米勒導讀，以及一階理論基礎及二階自我療癒DVD、其他演講錄音或錄影教材，幫助讀者逐漸深入這部自成一家之言的思想體系。

若水導讀系列

（一）《創造奇蹟的課程》（全書 272 頁）
（二）《生命的另類對話》（全書 272 頁）
（三）《從佛陀到耶穌》（全書 224 頁）

若水在這三冊中，解說《奇蹟課程》的來龍去脈與理論架構，透過問答的形式，說明崇高的寬恕理念如何落實於生活中；最後透過《奇蹟課程》的理念，闡釋佛陀和耶穌這兩位東西方信仰系統的象徵，在實相裡並無界域之別，而只有人心的「小我分裂」與「大我一體」的天壤之隔。

米勒導讀

《奇蹟半生緣》

一位慧心獨具卻不得志的記者，三十多歲便受盡「慢性疲勞症候群」的折磨，群醫束手無策，他在走投無路之下，不禁自問：「究竟是誰把我這一生搞得這麼慘？」

《奇蹟課程》讓他看到，自己竟是一切問題的始作俑者。他對這一答覆百般抗拒，直到有位心理治療師對他說：「恭喜你！你若讀得下這本書，大概就不需要心理治療了！」

《奇蹟半生緣》全書穿插作者派屈克‧米勒浮沉人生苦海的經歷，但他並不因此獨尊自身的經驗和詮釋，而以記者客觀實証的精神，遍訪散居全美各地的奇蹟講師與學員，甚至傾聽圈外人的質疑。本書可說是一部美國奇蹟團體的成長紀實。（全書 319 頁）

教學研習 DVD（一、二階）
一階理論基礎班

《奇蹟課程》的博大精深，常讓讀者不得其門而入，有鑒於此，若水以三日研習的

形式，系統化且階段式地解說整部課程的思想架構，將寬恕理念落實於現實生活。本套DVD為2005年在台北舉辦的「第一階理論基礎班」的現場錄影精心剪輯而成，共八講八個小時的教學DVD，並附上講義及MP3光碟，中文字幕並具簡繁兩體。

二階自我療癒班

本套DVD取自2006年若水在台北舉辦的「自我療癒班」現場錄影精心剪輯而成，若水以《奇蹟課程》為經，以你我個人的生活經歷為緯，佐以電影《魔戒三部曲》的比喻解說，透過天人關係的宏觀視野與潛意識的微觀徹照，切入錯綜複雜的人際關係，徹底清理人類作繭自縛的心障。

奇蹟課程其他有聲教學教材

奇蹟資訊中心歷年發行《奇蹟課程》譯者若水的演講錄音或錄影光碟，將《奇蹟課程》的抽象理念與現實生活銜接起來，幫助讀者了解《奇蹟課程》的精髓所在，是奇蹟學員不可或缺的有聲輔讀教材，由於教材內容每年不盡相同，欲知詳情，請上網查詢。
www.acimtaiwan.info 奇蹟課程中文網站
www.qikc.org 奇蹟課程中文部簡体網

肯恩實修系列

《奇蹟原則50》

許多讀者久仰《奇蹟課程》之盛名，興沖沖地讀完短短的導言後，就惴惴不安一條一條有如天書的「奇蹟原則」之前。讀了後句忘前句，「奇蹟」的概念好似漂浮在字裡行間，始終無法在腦海中落腳，以至於閱讀了一兩頁之後便後繼無力，難以終篇，竟至棄書而逃。

「奇蹟原則」前後五十條，其實是整部課程的濃縮，若無明師指點，讀者通常都不得其門而入。於今多虧奇蹟泰斗肯尼斯旁徵博引，以深入淺出而又幽默的答問形式，將寬恕與奇蹟的精神落實於生活中，為初學者乃至資深學員提供了一個實修的指標。（全書209頁）

《終結對愛的抗拒》

追尋心靈成長的人，學到某個階段往往面臨一個瓶頸：儘管修習多年，一遇到某種挑戰，就不自覺地掉回原地，因而自責不已。問題到底出在哪裡？

佛洛依德在他的臨床經驗中，驚異地發現，病人的潛意識中有「拒絕療癒」的本能，肯尼斯根據《奇蹟課程》的觀點，犀利地剖析人們「拒絕療癒或轉變」的原因，又仁慈地為讀者指出穿越小我迷霧的關鍵，由停滯不前的窘境中突圍。對於追尋心靈成長和平安的人而言，本書不但有提點指授的功效，更有當頭棒喝的力道。（全書109頁）

《親子關係》

坊間論及親子問題的書籍可謂汗牛充棟，泰半繞在親子關係複雜且微妙的糾結情懷，唯獨肯尼斯·霍布尼克不受表象所惑，借用《奇蹟課程》的透視鏡，澈照出親子之間愛恨交織的真正關鍵。

本書表面上好似在答覆「如何教養子女」、「如何對待成年子女」以及「如何照顧年邁雙親」等具體問題，它其實是為每一個人點出我們在由「身為兒女」，到「照顧兒女」，繼而「照顧雙親」的艱苦過程，以及我們轉變知見時必然經歷的脫胎換骨之痛。（全書238頁）

《性·金錢·暴食症》

在紛紜萬象的世界裡，性、金錢與食物可說是人生問題的「重頭戲」，最易牽動小我的防衛機制，故也最具爭議性。作者肯恩沿用《奇蹟課程》中「形式與內涵」的層次觀念，針對性、金錢等等所引發的光怪陸離現象（形式），揭露它們背後一貫的目的（內涵）——小我企圖藉無止盡的生理需求，抹滅心靈的存在，加深孤立、匱乏、分裂等受害感，最後連吃飯、賺錢與性交都可能變成一種攻擊的武器。

肯恩與學員的趣味問答，反映出我們日常是如何受制於這些生理需求的；然而，我們也能藉聖靈之助，將現實挑戰化為人生教室，將小我怨天尤人的陰謀，轉為寬恕與結合的工具。（全書196頁）

《仁慈——療癒的力量》

這是一部針對奇蹟教師及資深奇蹟學員的實修指南。全書分上下兩篇，上篇列舉

奇蹟學員常有的現象，例如以奇蹟之名攻擊他人，或以善意為由掩蓋自己批判的心態；下篇探討如何用仁慈的眼光來看待自己與他人的缺陷，教我們將自身的限制或缺陷轉為此生的「特殊任務」，在人間活出寬恕的見證，成為聖靈推恩的管道。（全書251頁）

《逃避真愛》

本書是針對道理全懂卻難以突破的資深學員而寫的，它一針見血地指出，綑綁我們修行腳步的，不是世界的黑暗，也非人間的牽絆，而是自己打造出來的一道心牆。

只因我們深怕真愛會消融了自己的特殊性，故把心靈最深的渴望隱藏到心牆之後，與之「解離」，在人間展開一場虛虛實實又自相矛盾的追尋。一邊痛恨小我的束縛，一邊又忙著為小我說項；至於內心有一部分奮力向前，另一部分則寧可原地觀望。藉著裝傻、扭曲、辯駁，把回歸真愛的單純選擇渲染成複雜又艱深的學問。

《逃避真愛》溫柔地解除了人心無需有的恐懼，讓我們明白心牆的「不必要」，陪伴我們無咎無懼地跨越過去。（全書156頁）

其他出版品

《寬恕十二招》

《寬恕十二招》的作者保羅‧費里尼，有鑒於人們的想法與情緒反應模式，早已定型僵化，成了一種「癮」，不是一朝一夕可以化解得掉的。因此，他將《奇蹟課程》的寬恕理念，分解為十二步驟，一步一步地引導我們超越自卑、自責以及過去的創痛，透過自我寬恕而領受天地的大愛。這是所有準備好負起自我治療之責的人必讀的靈修教材，也是曠世靈修經典《奇蹟課程》的輔讀書籍。（全書110頁）

《無條件的愛》

作者保羅‧費里尼繼《寬恕十二招》之後，另以老莊的散文筆法，細細描述我們每一個人心中都擁有的「無條件的愛」。他由大我的心境出發，以第一人稱的對話方式，直接與讀者進行心與心的交流，喚醒我們心中沉睡已久的愛，開啟那已被遺忘的智慧。此書充滿了「醒人」的能量，是陪伴你走過人生挑戰的最好伙伴。（全書215頁）

《告別娑婆》

宇宙從哪兒來的？目的何在？我究竟是什麼？為什麼會在這裡？我要往哪裡去？我該怎麼活在這個世界裡？當你讀完本書，會有一種「千年暗室，一燈即亮」的領悟。

全書以睿智而風趣的對話談論當今世局、原子彈爆炸，一直說到真愛、疾病、電視新聞、性問題與股價指數等等，讓我們對複雜詭異的人生百態，頓時生出「原來如此」的會心一笑。它說的雖全是真理，讀起來卻像讀小說一樣精彩有趣，難怪一問世便成了西方出版界的新寵。（全書513頁）

《一念之轉》

作者拜倫‧凱蒂曾受十餘年的憂鬱症所苦，一天早上，她突然覺悟了痛苦是如何形成又如何結束的。由此經驗中，她發明了四句問話的「轉念作業」（The Work），引導你由作繭自縛中徹底脫身，是一本足以扭轉你人生的好書。（全書448頁，附贈轉念作業個案VCD）

《斷輪迴》 阿頓與白莎回來了！

繼《告別娑婆》走紅之後，葛瑞的生活形態發生重大的轉變，也面臨了更多的挑戰。葛瑞仍是口無遮攔地談八卦、論是非、臧否名流，阿頓和白莎兩位上師在笑談棒喝中，繼續指點葛瑞如何在現實挑戰下發揮真寬恕的化解（undo）功能，徹底瓦解我執，切斷輪迴之根。（全書304頁）

《人生畢業禮》

本書是保羅與 Raj 在 1991 年的對話記錄。對話日期雖有先後，內涵卻處處玄機，不論由哪一篇起讀，都會將你導入人類意識覺醒的洪流。

Raj 借用保羅的處境，提醒所有在人間孤軍奮鬥的人，唯有放下自己打造的防衛措施，才可能在自己的心靈內找到那位愛的導師。也唯有從這個核心出發，我們才會與所有弟兄相通，悟出我們其實是一個生命。（全書288頁）

《療癒之鄉》

《療癒之鄉》中文版由美國「獅子心基金會」委託台灣「奇蹟資訊中心」出版。

作者羅賓‧葛薩姜把《奇蹟課程》深奧又慈悲的教誨化為一套具體的情緒啟蒙和心靈復健課程，協助犯罪和毒癮的獄友破除心理障礙，學習處理人與人之間的衝突，調整情緒，建立自信，切斷「憤怒→攻擊→憤怒」的惡性循環。《療癒之鄉》陪伴無數受刑人度過獄中歲月。

《療癒之鄉》也是為所有困在自己心牢裡的讀者而寫的。世間幾乎沒有一人不曾經歷童年的創傷、外境的壓迫，以及為了生存而形成種種不健康的自衛模式。獄友的心路歷程給予我們極大的啟發，鼓舞我們步上心靈療癒之路。（**全書 440 頁**）

《我要活下去》

這本書不只是一本鼓舞信心的療癒指南，還是一個女人把自己從鬼門關前拉回來的真實故事。

作者朱蒂‧艾倫博士（Judy Edwards Allen, Ph.D.）原本是成功的專業顧問、大學教授、大學教科書作者，四十歲那年獲知罹患乳癌的「噩耗」，反而成為她生命的轉捩點，以清晰、熱情的文筆，記錄了她奮力將原始的求生意念成功地轉化為「康復五部曲」的歷程。讀者會看到她如何軟硬兼施地與醫生打交道，如何背水一戰克服無助感，又如何透過寬恕，喚醒內心沉睡已久的愛與生命力。最後，她終於超越自己對生死的執著，在這一場疾病與療癒的拔河大賽中，獲得了靈性的凱旋。（**全書 280 頁**）

《時間大幻劇》

人們對於時間，存在著種種截然不同的看法，比如：時間是良藥，可以癒合一切創傷；善惡終有報，只等時候到；時間是無情的殺手，終將剝奪我們的一切……。人類早已視時間的存在為天經地義，戰戰兢兢地活在過去的懊悔、現在的焦慮和對未來的恐懼中。我們好似活在一座無形的牢籠裡，苟延殘喘，等待大限的到來。

《奇蹟課程》的泰斗肯恩博士曾說：「不了解時間，不可能讀懂《奇蹟課程》的。」他引經據典，將散落全書有關時間的解說，梳理出一個完整的思想座標，猶如點睛之龍，又如劃破文字叢林的一道靈光，讓我們一窺《奇蹟課程》的究竟堂奧（究竟義）。此書可說是肯恩留給奇蹟資深學員最珍貴的禮物。（**全書413頁**）

《奇蹟課程誕生》

《奇蹟課程》的來歷究竟有何玄虛？為什麼它選擇經由海倫‧舒曼博士來到人間？它的記錄方式及成書過程，與它傳給人類的訊息有何內在關係？有幸親炙此書的我們，又該如何延續奇蹟精神的傳承？

不論你只是好奇《奇蹟課程》的精采傳奇，還是有心以「史」為鑑，窮究奇蹟的傳承精神，本書都提供了最可靠的第一手資料。作者因與茱麗、海倫與比爾等人交往密切，故受這些開山元老之託，冷靜而客觀地梳理《奇蹟課程》的記錄及成書經過，佐以三位奇蹟元老的親筆自白，融鑄成一部信實可徵的《奇蹟課程》誕生史，帶領讀者重新走過五十年前那段精采神奇的心靈歷程。（**全書195頁**）

國家圖書館出版品預行編目資料

奇蹟半生緣／派屈克・米勒（D. Patrick Miller）著；
陳夢怡、若水合譯 -- 初版 -- 臺中市：奇蹟資訊中
心，奇蹟課程，民 102.10
　　面；　　　公分
　　譯自：Living with Miracles : A Common- sense
　　　　　Guide to A Course in Miracles
　ISBN 978-986-88467-3-9（平裝）

　1. 靈修　2. 寬恕
192.1　　　　　　　　　　　　　　　　102020803

奇蹟半生緣
LIVING WITH MIRACLES
A Common-sense Guide to A Course in
Miracles

作　　者：派屈克・米勒（D. Patrick Miller）
譯　　者：陳夢怡　若 水
責任編輯：李安生
校　　對：陳夢怡　李安生　黃真真　林妍蓁
封面設計：YenHue Lee
封面／內頁插畫：蔡佳芳
美術編輯：浩瀚電腦排版股份有限公司
出　　版：奇蹟資訊中心・奇蹟課程有限公司
　　　　　桃園市光興里縣府路 76-1 號
聯絡電話：(04) 2536-4991
劃撥訂購：帳號 19362531　戶名　劉巧玲
網　　址：www. acimtaiwan. info
電子信箱：acimtaiwan@gmail.com

印　　刷：世和印製企業 (02) 2223-3866
經銷代理：聯合發行公司
　　　　　電話 (02) 2917-8022 # 162
　　　　　　　 (03) 212-8000 # 335

定　　價：新台幣 320 元
　　　　　2013 年 10 月初版
　　　　　2015 年 08 月二刷